AF222270

Das Werk, einschließlich aller Inhalte, ist urheberrechtlich geschützt. Alle Rechte vorbehalten. Nachdruck oder Reproduktion (auch auszugsweise) in irgendeiner Form (Druck, Fotokopie oder anderes Verfahren) sowie die Einspeicherung, Verarbeitung, Vervielfaltigung und Verbreitung mit Hilfe elektronischer Systeme jeglicher Art, gesamt oder auszugsweise, ist ohne ausdrückliche schriftliche Genehmigung von mir, Raphael Lepenies, untersagt. Alle Übersetzungsrechte vorbehalten.

Bibliografische Information der Deutschen Nationalbibliothek:

Die Deutsche Nationalbibliothek verzeichnet diese Publikation in der Deutschen Nationalbibliografie; detaillierte bibliografische Daten sind im Internet über dnb.dnb.de abrufbar.

Umschlag-, Blocksatzdesign & Illustration: Raphael Lepenies
Lektorat: Leona Mark

© 2024 **Raphael Lepenies**

Unterstützt durch
MutHafen®

Herstellung und Verlag: BoD – Books on Demand, Norderstedt
ISBN 9-783759-753014

Raphael Lepenies, geboren 1991 in Solingen, lebt heute in Köln. Er gründe-te 2017 *MutHafen®,* eine Community, in der seither eine stetig wachsende Leserschaft täglich über das *gute Leben* nachdenkt. Viele seiner Texte wurden dort als Blogeinträge erstmalig veröffentlicht. In gedruckter Form erschien 2020 erstmals eine Auswahl von Lepenies Essays und Lyrik als Teil I der *Pragmatische Poesie* Reihe. Zudem sind Lepenies Texte und Mixed-Media-Werke in namhaften Printmagazinen wie zum Beispiel dem *flow!-*Magazin erschienen. Dank wachsender Beliebtheit wurden die *Pragmatische Poesie* Bücher über die Jahre mehrfach Platz 1 der *BoD*-Bestsellerlisten. Lepenies war neben seiner Autorentätigkeit auch mehrere Jahre als *systemi-scher Coach* tätig. Bei verschiedenen Kulturveranstaltungen hat Lepenies zudem seit 2018 Lesungen, Moderationen und Talks beigetragen. Zudem durfte er als *Content Creator* Teil von *Mental-Health*-Kampagnen verschiede-ner Unternehmen sein. Als *Art Director* unterstützte Lepenies ebenso Selbstständige und Mittelständler im Bereich Social-Media-Marketing, Videografie, Illustration, Markenkommunikation und Webdesign. Neben seinem externen Schaffen hat sich Lepenies auch stetig Raum für kompro-misslosen Selbstausdruck und künstlerische Weiterentwicklung genommen. So entstanden im Rahmen seiner *freien Kunst* über die Jahre eine Vielzahl fotografischer Studien, Collagen, Malereien und Mixed-Media-Werke.

Bei der Lektüre der vorliegenden Sammlung pragmatischer Poesie emp-fiehlt der Autor sich täglich nur wenige Texte vorzunehmen, sie weiterzu-denken und begleitenden Gefühlen Raum zu geben, sich auch vollständig zu zeigen. Auch wenn die Texte einer beabsichtigten Sortierung folgen, steht jeder Text auch für sich allein, sodass auch ein spontanes Querlesen – frei nach dem Motto »Die richtige Seite wird mich finden« – ohne Weiteres möglich ist.

Aktuelle Veröffentlichungen und zusätzliche Informationen unter:
www.RaphaelLepenies.com

für
das
Kind
in
mir

RAPHAEL LEPENIES

DIE
SCHÖNHEIT
BLEIBT EWIG

OHNE NAMEN

PRAGMATISCHE
POESIE III

ILLUSTRIERT VOM AUTOR

Ich sehe klar, seit mich dieses
Paradox nicht länger blendet:
Du bist ewig vollkommen
und niemals vollendet.

RAPHAEL

LEPENIES

Vorwort

Teil I: Namenhaft

Teil II: Schönheit

Teil III: Namenlos

Nachwort

Alles beginnt mit dir und den Namen, die dich begleiten.

Alles beginnt für dich vielleicht mit der Frage, wann der Tag kommt, an dem du aufwachst und weißt, dass du in genau dem richtigen Leben bist. Mit der Frage, was dich dann so sicher machen wird, dass es wirklich das richtige Leben ist. Du bist neugierig, nachdenklich und voller Geschichten. Du spürst da einen inneren Ruf, dem du aber noch nicht gänzlich folgen kannst. Denn du bist auch verunsichert, zögerlich – bist verhaftet in deinen Namen.

Dem Namen, der dir nach der Geburt zugeteilt wurde, und dem Namen, den du dir machen willst. Dich bindet vielleicht der Name deines Ranges, dein Jobtitel, deine Auszeichnungen. Der Name, den du seit deiner Hochzeit trägst oder der Name, mit dem sie dich klein halten wollen. Es beginnt mit der Frage nach den Namen, die du der Liebe, dem Erfolg und deinen Reichtümern gegeben hast, und ob sie antworten, wenn du sie bei diesen Namen rufst. Es beginnt mit deinen Namen. Denn du bist all das … und nichts davon.

Ich selbst beginne dieses Buch in einer seltsamen Zeit: Europa wird wieder von Krieg und Vertreibung heimgesucht. Eine Pandemie steuert auf ein vermeintliches Ende zu. Die Menschen scheinen mir müde und erschöpft. Nostalgisch über den Verlust alter Welten und vermeintlicher Sicherheiten. Vor uns liegt die Aufgabe, völlig neu zu gestalten, und die rasanten Fortschritte in Technologie und Wissenschaft wirken hier wie Geburtshelfer. Die Frage ist nur, was wir zur Welt bringen? Wieder mal eine Menschheit, die nur ihren eigenen Vorteil ins Auge fasst, oder eine, die sich mit der Kraft ihrer tiefsten Natur zu verbinden weiß. Der Wurzel, die wir mit Allem-Was-Ist teilen dürfen?

Wir denken darüber nach, welche Rolle wir einnehmen werden in dieser Geschichte radikaler Umgestaltung. Wirst du der Nostalgie dienen? All den Namen, an denen wir festhalten? Oder wirst du Visionen malen? Traumbilder, die heimliche Baupläne sind? Geschichten erzählen, die Menschen dazu bewegt, ihr Leben so zu gestalten, dass es endlich ihrer Wahrheit entspricht? Wirst du genau den Frieden gestalten, der letztlich Räume für furchtlose Kreativität öffnen wird? Wird es dir gelingen, dir einen Namen zu machen, ohne die namenlose Schönheit dahinter zu vergessen?

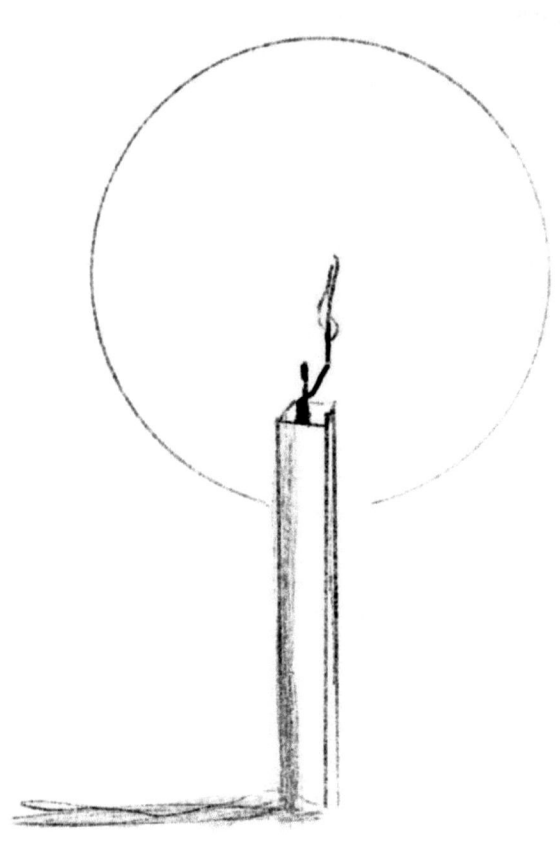

Hast du dein Wesen einmal im Licht des Geistes gesehen – dich als spirituell verstanden – stehst du vor der Frage: Wie lebt man nun in dieser Welt, ohne gänzlich »*von* dieser Welt« zu sein? Wenn doch alles Materielle, die Bedürfnisse des Egos und die eigene Sterblichkeit langsam in die Relativität absinken, was bleibt bestehen? Gibt es ganz pragmatische Blickwinkel auf das, was sich unserem Verstand entzieht? Dieses Buch will hier Angebote des Ausblicks machen. Es begleitet all die Stufen hinauf auf Türme, von denen wir ungeahnt weit blicken können – die aber freilich auch immer nur einen von unzähligen Aussichtspunkten ausmachen werden.

Daher: Genieß die Aussicht. Lausche dem Kinderlachen, das mal deines war. Schau bis zum Horizont deiner Würde und erahne, dass es dahinter randlos weitergeht. Genieße die Aussicht – und dann stell dir vor, wo du deine Türme errichten willst. Überblicke die Landschaft der namenlosen Schönheit und bestimme du dein nächstes Ziel. So befreiend das Auflösen alter Muster sein kann, so ekstatisch wird sich die Chance anfühlen, neu zu gestalten: Endliche Formen zu finden, sie zu durchleben und völlig frei mit Geschichten einzufärben. So erhebend unsere ewige Offenheit ist, so geborgen fühlt sich die Erlaubnis an, Teil ihrer sterblichen Schönheit zu sein.

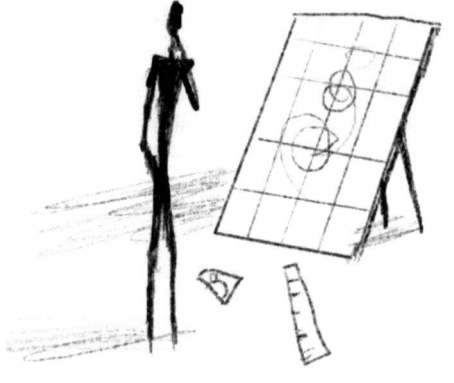

TEIL I

NAMENHAFT

Verhaftet hinter dem Gitter der Namen,

sah ich Wahrheit nur durch kleine Fenster.

Du bist nicht hier, um über dein Leben zu urteilen. Du bist hier, um es zu leben. Jeder Gedanke, den du glaubst, ist ein Urteil über deine Wirklichkeit. Jede Überzeugung lagert sich über die nächste wie aufgeschichtete Ziegel, die Mauern in die Höhe ziehen. Mauern, die dich zähmen, zivilisieren, fügsam machen für berechenbaren Fortschritt. Was aber, wenn dein Geist nur von Haus aus gelenkt und von Natur aus frei ist? Was, wenn, während dein Verstand noch darüber nachdenkt, dein Wesen bereits entschieden hat?

Babel war der biblische Mythos vom Turmbau Richtung Gott. In der Geschichte scheitert das Gebäude an der Vielfalt der Sprachen und der darauffolgenden Unfähigkeit der Menschen, einander zu verstehen. Mein Babel von heute richtet den Blick auf das Material unserer Türme: Die Ziegel, die wir auch heute noch einen auf den anderen setzen. Eine Überzeugung auf die andere, erschaffen wir Konzepte, Konventionen, Regeln, Gesetze für eine Natur, die uns nie darum gebeten hat. Nicht nur als Zivilisation, auch als Mensch stapeln wir vermeintliche Vorhersehbarkeiten. Die einen Türme sind gefährlich hoch, die anderen gelassen niedrig. Die Jüngsten beginnen gerade erst ihren Bau und die Weisesten tragen ihren Schicht für Schicht wieder ab. Die Wände der Erleuchteten stürzen urplötzlich ein. Mauern fallen und geben den Blick frei auf eine Leere, die voll Liebe ist. Mein eigenes Mauerwerk liegt nun vor mir als ein Meer aus Steinen. Überzeugungen, die ich liegen lassen werde. Glaubenssätze, die nicht mehr aufeinanderpassen – so sehr ich es auch versuche.

Mir ist mein Turmbau vorerst unmöglich geworden. Nicht weil in mir zu viele unterschiedliche Sprachen gesprochen werden, sondern eher weil das wortlose Vokabular der Gegenwärtigkeit alle Worte übertönt. Die Steine schmelzen in meinen Händen und werden zu einem Strom, der zu den niedrigsten Orten strömt. Richtung Demut vor dem Leben, durch selbst die kleinste Lücke des Egos. Ein Fluss in die eigene Tiefe, statt ein Turm zu einem überhöhten Gott. Eine Tiefe, die mich lückenlos auf Alles-Was-Ist vertrauen lässt.

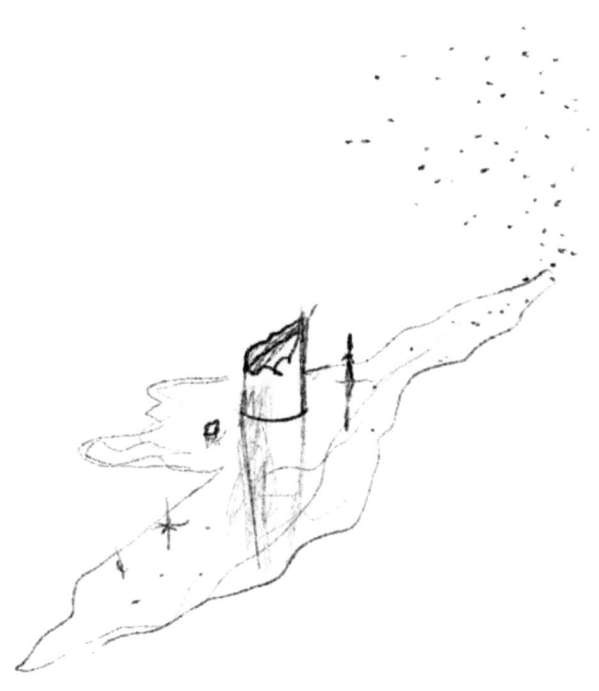

Es gibt die Zeit, um Eindrücke zu sammeln. Es gibt die Zeit, um Ausdrücke zu schaffen. Und es gibt die Zeit für das stille Zulassen dazwischen. Vielleicht geht es heute darum, wieder Fluss aufwärts zu wandern, um sich nicht nur von beeindruckenden Strömungen, sondern von der Quelle selbst beschenken zu lassen.

Vielleicht warst du auch schonmal dort. Vielleicht versuchst du ihr täglich in deiner spirituellen Praxis nah zu sein. Und vielleicht ist das, was du dein Vergessen nennen würdest, ganz in ihrem Sinne. Vielleicht war das Ganze ihr Plan. Die Quelle eine Weile vergessen, um sie nun wieder deutlich erkennen zu können. Ähnlich der Blindheit, die sich einstellt, wenn man eine Weile in gewohnter Umgebung verbringt. Wenn man den Riss in der Wand oder den schiefen Türrahmen gar nicht mehr bemerkt, weil wir ihn Tag für Tag vor Augen haben.

Ähnlich dieser Blindheit hast du vielleicht deine Quelle irgendwann nicht mehr sehen können, weil du ihr so lange so nah gewesen bist. Was also, wenn der schleichende Abstand zum Geistigen und die neue Nähe zum Weltlichen genau die richtige Entwicklung ist?

Was, wenn sich deine Spiritualität über das gesamte Leben betrachtet in Wellen durch deine Erfahrung bewegen will? Das niedrige Ausholen in der weltlichen, physischen und rohen Erfahrung und die erhebende Masse gewaltiger Einsicht, wie sie rauschend in dein Leben strömt, wie sie dich aufrichtet und trägt.

In unseren physischen Leben braucht es gelegentlich Kontrastmittel. Gegensätzliche Erfahrungen, die dir helfen, deutlicher zu erkennen, was du lebst, gelebt hast und leben willst. Und vielleicht ist es genau das: Ein Geschenk, das nur im Geistigen geöffnet werden kann, um dann wiederum eine ganz weltliche Lebensphase zu bereichern. Ein Erkennen. Ein Begreifen. Der Beginn einer neuen Welle.

BIST DU

VERBUNDEN

ODER

VERSTRICKT?

RAPHAEL LEPENIES
DIE SCHÖNHEIT BLEIBT EWIG
OHNE NAMEN

Die ersten Menschen, denen deine Unschuld begegnet, sind nicht selten die, mit denen du einen Pakt geschlossen hast, der dich heute an ein Leben fesselt, das du nie führen wolltest. Wenn du nur brav deinen Tanz aufführst, deine Bedürfnisse versteckst und das Kind bist, das keine Probleme macht, dann darfst du leben.

Hier in deinem erwachsenen Körper zeigt sich der Pakt nicht mehr als etwas Gegenseitiges, sondern womöglich als eine vermeintliche Tugend. Eine Eigenschaft, die du für durchweg gut und liebevoll hältst. Du hörst zu. Du schenkst Raum. Du fällst Niemandem zur Last.

Wahrscheinlich weißt du das bereits und willst dich bessern, diese Gewohnheit loswerden. Aber erinnere: Der Pakt war einer auf Leben und Tod. Es war keine Abmachung auf Augenhöhe, es war deine Überlebensstrategie.

Zwinge deine Kinderseele also nicht, damit aufzuhören, sondern danke ihr zunächst für die Weisheit, diesen Pakt eingegangen zu sein. Und dann erzähle ihr behutsam davon, dass du diesen Pakt auflösen willst, weil er dich nicht verbindet, sondern verstrickt. Das Kind in dir wird ängstlich werden. Ja, vielleicht sogar darum betteln, dass es nicht in dieses große Unbekannte hinaus muss. Es wird dich erinnern, dass es damals in dieser Dunkelheit so alleine gewesen ist. Du darfst dann geduldig sein. Zuhören. Und dann kannst du deine Hand ausstrecken und das Kind in dir erinnern: »Diesmal ist es anders. Diesmal ist da ein Erwachsener, der dich begleitet. Denn diesmal werd ich bei dir sein.«

Sprache erlaubt uns scharfkantigen Ausdruck und zerschneidet gleichzeitig die Realität. So sehr sie uns im direkten Austausch auch verbindet, trägt sie im großen Ganzen zur Illusion der Trennung bei. Sprache ist so unmittelbar mit unserer Art zu denken und zu kommunizieren verknüpft, dass uns ihr enormer Einfluss nur schwerlich bewusst wird. Fast zeitgleich mit dem Erleben taucht das mentale Konzept auf, um es sagbar zu machen. Wir nutzen unsere Kommunikation, um uns miteinander auseinanderzusetzen und die Wahrheit zeigt sich bereits in diesem widersprüchlichen Ausdruck: Miteinander *auseinander* setzen. Wir müssen uns geistig unterschiedliche Plätze zuweisen, uns trennen, um dann mühsam ein Miteinander zu kreieren. Was sich womöglich seiner Einheit vollkommen bewusst war, halten wir auseinander, um seine Teile besser differenzieren zu können.

Der Wolf hat nie beschlossen, sich anders zu nennen als der Wald, in dem er lebt, das Schaf, das er erlegt oder die Wolfsjungen, die er aufzieht. Genau genommen hat der Wolf gar keinen Versuch unternommen, sich oder den Dingen einen Namen zu geben. Eins mit dem Leben gebärt, bewohnt und verzehrt er sich selbst. Wir waren es, die mit Namen eine Trennung erschufen. Wir wollten allen Teilen Namen geben und haben so das Ganze hinter all seinen Namen vergessen. Wie den sprichwörtlichen »Wald vor lauter Bäumen« sehen wir unser Selbst vor lauter Namen nicht.

WAHRHEIT

RUFT

DICH

BEI

~~ALTEN~~

DEINEM

NAMEN.

RAPHAEL LEPENIES
DIE SCHÖNHEIT BLEIBT EWIG
OHNE NAMEN

Wenn du musst, nenn mich »*dein* Kind«, bis ich dir sage, wer ich bin. Wenn du musst, nenn mich »deinen *Jungen*«, bis ich dir sage, wer ich bin. Wenn du musst, nenn mich »deine *Kleine*«, bis ich dir sage, wer ich bin. Wenn du musst, nenn mich »dein Ein und Alles«, bis ich dir sage, wer ich bin.

Und wenn du dann gehört hast, wer ich bin: Bitte schau freundlich. Wenn auch dein Kind sein eigener Mensch geworden ist. Wenn dein Junge sich als Mädchen erkennt. Wenn deine Kleine größere Träume hat als du. Dann schau freundlich und vergiss aus Liebe deine Namen.

Denn sie waren nie mehr als das: Gefäße für eine haftbare Welt. Diener auf Zeit. Begleiter, die immer wieder von der Wahrheit abgelöst werden. Bitte schau freundlich, wenn ich nicht mehr auf *deine* Namen höre. Bitte schau freundlich, wenn ich dir zeige, wer ich wirklich bin. Die Wahrheit ruft mich jetzt bei *meinem* Namen. Und ich hoffe, die Liebe hilft dir, ihn zu verstehen.

»Wohin mit meinem Leben?« kann der Verstand nicht beantworten. Wir blenden ihn nicht selten mit solchen eher poetischen statt pragmatischen Fragen.

Die Sonne deiner inneren Führung ist zu hell, um sich bei direktem Hinsehen abzuzeichnen. Und doch verleiht sie deiner Erde Gestalt, Form und Farbe. Sie strahlt Energie aus, die du auch mit geschlossenen Augen spüren kannst. Wärme, die sich zwischen schattigen Flächen mit der Haut verbindet. Diese Sonne lässt dich wissen: »Ich bin da.«

»Wohin mit meinem Leben?« beantwortet also vielleicht nicht das zeitlose Strahlen am Himmel, sondern das Licht und der Schatten, die es heute wirft.

Leben ist in der Lebendigkeit. Einer Botschaft, die kurz sein mag, aber die wie Sonne auf der Haut in deinen ganzen Körper resoniert. Vielleicht so was wie »Schreib den nächsten Satz.«, »Geh zurück ins Bett.«, »Schau aus dem Fenster.« Mehr braucht es heute vielleicht nicht. Denn »Wohin mit meinem Leben?« kann immer nur bedeuten »Wohin mit diesem Augenblick?«

NEBEL DER NAMEN

Ich wandere durch den Nebel der Namen
und vertraue dabei auf die Klarheit der Kunst.
Die Formen, die sich in nächster Nähe erst abzeichnen
und erst in der Begegnung berührbar werden.

Ich wandere durch den Nebel der Namen
und vertraue dabei auf die Gnade der Fragezeichen.
Jeder Satz endet in einem solchen
und jede Antwort findet mich wortlos aus der Tiefe.

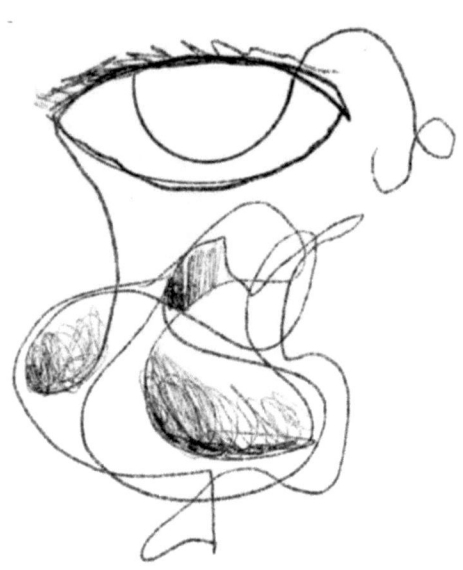

Ich wandere durch den Nebel der Namen
und vertraue dabei auf den Geschmack der Luft.
Die Leere, die keine Leere ist.
Die Leere, die zwischen den Körpern Räume schafft.

Ich wandere durch den Nebel der Namen
und weil ich weiß,
wie blind ich bin,
sehe ich
alles.

Manchmal ergibt alles erst Sinn, wenn wir uns eine Weile vorstellen, er sei schon da.

»Das *macht* Sinn« sei falsch haben sie gesagt. Im Deutschen gäbe es nur einen Sinn, der sich *ergibt,* und keinen, der *gemacht* werden kann. Wieder mal wollen uns alte Namensgeber vorschreiben, was *uns* diese Namen heute bedeuten. Denn auch wenn er sich ergibt, *machen* wir heute mal bei ihm mit: Es ergibt Sinn, dass sich manches erst *durch* dieses Machen *ergeben* wird. Ja, manchmal macht alles Sinn, indem du dir eine Weile vorstellst, er sei schon da. Es macht Sinn.

Es macht Sinn, dass du genau hier gelandet bist. Es macht Sinn, dass du diese eine Situation noch nicht vergessen kannst. Es macht Sinn, dass du Menschen gern hast, aber nicht sehen willst. Es macht Sinn, dass du jeden Tag an diesen einen Menschen denkst. Es macht Sinn, dass du diesen einen Menschen völlig vergessen hast. Es macht Sinn, dass du noch immer im Außen nach dieser einen Sache suchst.

Es macht Sinn, dass du traurig über diesen einen Verlust bist und es macht Sinn, dass du dich gleichzeitig durch ihn erleichtert fühlst.

Es macht Sinn, dass dir gut tut, was die anderen komisch finden. Es macht Sinn, dass du sowohl gesehen als auch allein gelassen werden willst. Es macht Sinn, dass du jemanden liebst, den du nie wieder sehen willst. Es macht Sinn.

Es macht Sinn, dass du so große Ziele hast und keine Lust, sie umzusetzen.

Es macht Sinn, dass du abhängig davon bist, dass andere deine Unabhängigkeit sehen.

Es macht Sinn, dass dich diese Zeilen zu genau dieser Zeit gefunden haben. Manchmal ergibt alles erst dann Sinn, wenn wir uns eine Weile vorstellen, er sei schon da. Am Ende *ergibt* es Sinn, was du aus dem nächsten Satzanfang *machen* wirst: Es macht Sinn …

KOMM, WIR FÜHLEN

~~REIß DICH~~

DAS

ZUSAMMEN!

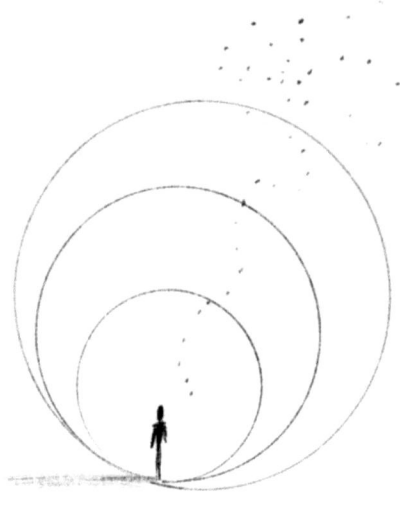

RAPHAEL LEPENIES
DIE SCHÖNHEIT BLEIBT EWIG
OHNE NAMEN

»Stell nicht so viele Fragen!« haben sie gesagt. »Sei nicht so laut! Sei nicht so empfindlich!« Aber ich konnte nicht anders: Ich hatte große Fragen und große Gefühle. In ihren Räumen war häufig kein Platz dafür. Daher wünschte ich mir manchmal, ich könnte unsichtbar sein, durchsichtig und durchlässig und ganz ohne Gewicht. Ich wünschte mir, dazugehören zu können, ohne irgendjemandem eine Last zu sein. Und dann? Dann wurden meine Fragen weniger. Statt zu weinen, biss ich die Zähne zusammen. Statt zu hinterfragen, beschloss ich, stellvertretend Schuld zu sein. Denn wer Schuld ist, kann mit seiner Sühne etwas verändern. Die Kontrolle behalten. Und statt laut zu fragen »Warum? Wozu das alles?« verzog ich mich still und heimlich in mich selbst. Bloß nicht zu viel Raum einnehmen.

Ich sollte erst viel später begreifen, dass meine Lebenslust nicht zu groß war, sondern ihre Räume viel zu klein. Ich begriff: Es war nie deine Aufgabe, deine Bedürfnisse für Zugehörigkeit zu zensieren. Nie dein Auftrag, sie vor ihrer eigenen Verunsicherung zu schützen und deine Euphorie für ihr Wohlgefühl zu regulieren.

Sobald ich fragende Gesichter aushalten und notwendige Abschiede feiern konnte, atmete meine Wahrheit langsam auf: Du bist nicht hier, um das Nest ihrer Überzeugungen noch ein bisschen weicher zu gestalten. Sondern um zu zeigen, wie man fliegt. Auch der Abschied kann ein Akt der Liebe sein: Wenn du anderen zu viel wirst, erlaub ihnen, dorthinzugehen, wo sie weniger bekommen.

GOLDENER KÄFIG

Wir verleihen einander große Titel,
stecken uns in Namenhaft, damit man uns kennt.

Man könnte meinen, dein Titel klärt deine Berufung,
dabei verschleiert er die Vitalität deines Rufs.

Der Mensch, der nicht weiß, was zu tun ist,
weiß oft viel zu genau, wie man ihn nennt.

Was macht den Bach zum Fluss? Was macht den Fluss zum reißenden Strom? Bloß, dass der Bach irgendwann so sehr Bach ist, dass er seinem Namen entspringt. Bloß, dass der Fluss irgendwann so sehr Fluss ist, dass er seinem Namen entspringt. Vielleicht wollten auch wir manch einer Schwierigkeit nicht entkommen, sondern entwachsen. Nicht weg vom Erlebnis, sondern hindurch.

Ein schwingendes Pendel von großem Gewicht abrupt zu stoppen, kann schmerzhaft sein. Dabei pendelt es aus, wenn wir den immer gleichen Anstoß unterlassen. Wenn wir beginnen, öfter andere Gedanken zu wählen als die, die uns hierher befördert haben, ändert sich die Richtung vermeintlich wie von Zauberhand.

Lass die Namen fallen, die dir nicht länger dienen und benenne dein Wesen so, dass Begeisterung die Folge ist. Wie der Fluss strömst du in deine Wahrheit mit dem Momentum deiner Geschichten. Vielleicht bedarf es hier seltener deiner Mühe in der Mitte als vielmehr dem achtsamen Anfang: Dem Benennen deiner Welt.

DU & DEINE
GEFÜHLE
DÜRFEN
RAUM
EINNEHMEN

RAPHAEL LEPENIES
DIE SCHÖNHEIT BLEIBT EWIG
OHNE NAMEN

Vielleicht kennst du das? Du vertraust dich den Menschen an, die dir nahestehen. Aber nicht *wirklich*. Vielleicht erzählst du ihnen bloß von den Themen, die du für dich im Stillen bereits geklärt hast. Erzählst von Ausschnitten deiner Geschichte, von denen du bereits Abstand genommen hast und die nichts mehr mit deiner heutigen Ratlosigkeit zu tun haben. Vielleicht teilst du auch mal Dinge, die dich berühren, aber immer mit einem Augenzwinkern oder einer Schippe Humor, um dein Gegenüber nicht zu sehr zu belasten.

Das Tückische daran ist, dass diese Menschen dann denken, sie würden dich extrem gut kennen und dir nah sein. Dabei hast du sie nie wirklich an dich rangelassen. Du hast sie auf Abstand gehalten, weil du dich selbst auf Abstand hältst.

Aber auch du verdienst es, Raum einzunehmen. Anderen zuzumuten, was du selbst noch nicht verstanden hast. Sie um Hilfe zu bitten. Im Vertrauen darauf, dass die anderen sich um ihre Grenzen kümmern werden und nicht du das für sie übernehmen musst.

»Mach *dir* einen Namen« haben sie gesagt.
Dabei mache ich ihn am Ende bloß für *sie*.

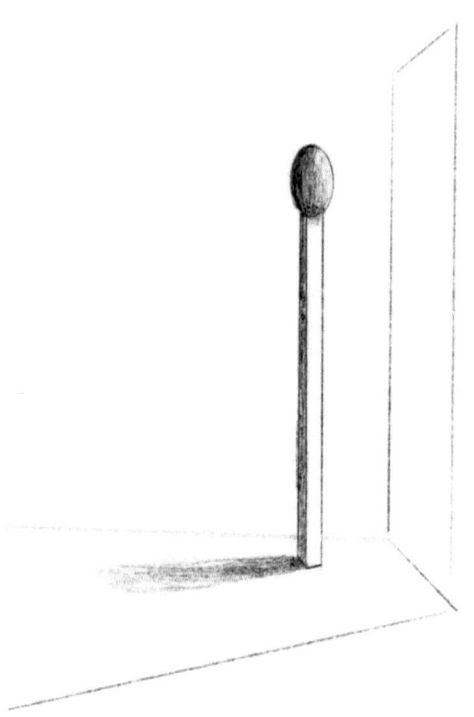

STREICHHOLZ

Im Dunkeln fühle ich mich wohl.

Der Geruch von Holz und Pappe

wiegt mich in Sicherheit.

Was ein Glück, so unberührt inmitten

all meiner Potenziale zu bleiben.

Hier kann ich ungestört und lichtlos

träumen von allem,

was sein könnte.

Eines Tages aber hat mich jemand aus der Box geholt

und hier draußen habe ich das Leben gesehen.

Diese rauen Oberflächen,

die von so etwas wie Sehnsucht erzählen.

All die Möglichkeiten für pures Glück

und reinen Schmerz.

Den Aufprall im Miteinander,

das Lachen und Lieben himmelwärts.

Mir schien mein Kopf schon immer entzündlich,

wie gemacht für die Erleuchtung.

Ich wollte unversehrt im Dunkeln bleiben.

Doch hier draußen erscheint mir Lebendigkeit

wie etwas, für das ich sterben würde.

Ich will sie wagen, die Reibung am Leben.

Feuer fangen und alles geben.

NICHT JEDE MASKE TRAGEN WIR AUS EITELKEIT

RAPHAEL LEPENIES
DIE SCHÖNHEIT BLEIBT EWIG
OHNE NAMEN

Würdest du dir weiterhin vorwerfen, vor anderen eine Maske zu tragen, wenn ich dir sage, dass du sie zum Überleben brauchst? Gerade diejenigen, die es anderen gerne recht machen, finden sich oftmals in folgendem Kreislauf wieder: Sie werden, wen das Gegenüber gerade braucht, und verurteilen sich anschließend dafür, nicht ganz sie selbst gewesen zu sein.

Wer zum Beispiel von Narzissten großgezogen wurde, für den ist die schmeichelhafte Maske kein Ergebnis von Eitelkeit, sondern eine Überlebensstrategie. Das Kind will überleben und das Erraten, wie es die Welt heute haben will, scheint genau das sicherzustellen. Und so machen wir es auch als Erwachsene anderen recht und übergehen unsere innere Führung.

Heilung beginnt mit dem Geschenk der Zeit. Wenn ich mir Zeit gebe, bevor ich auf eine empfundene Erwartung oder ausgesprochene Bitte reagiere, gebe ich mir auch die Möglichkeit, Kontakt mit mir aufzunehmen. In diesem Raum kann ich meinen Körper befragen: Fühlt sich die Situation eng an oder weit? Bin ich schutzbedürftig oder bereit? Ich erlaube mir das Backstage. Zwinge mich nicht mehr auf ihre Bühne. Darf mich fragen, ob es noch immer diese Maske braucht. Und vor allem, darf ich mich unabhängig von der Antwort akzeptieren.

STILLE

SPRICHT

RAPHAEL LEPENIES
DIE SCHÖNHEIT BLEIBT EWIG
OHNE NAMEN

SANDSTURM

Wühlst herum in einem Glas voll Wasser und Sand,

verlierst die Sicht – Klarheit stirbt unter deiner Hand.

Handeln wandelt nicht alles zum hilfreichen Konstrukt.

Manches verklärt die Formen und – statt uns zu nähren –

haben wir uns in der Hast der Handlung dann verschluckt.

Wollen zu große Stücke von zu großen Zielen

durch viel zu kleine Öffnungen ziehen.

Dabei hat uns die Natur nicht nur ihren Schöpfergeist,

sondern auch ihre Gelassenheit geliehen.

Gelassen lassen wir Gedanken wanken.

Auspendeln, ganz natürlich gravitieren,

sich verlieren im Abgrund der Bedeutungslosigkeit.

Bedeutsames bleibt stehen,

kein Absickern, Verlieren oder Verwehen.

Und das lässt sich nicht erzwingen,

sondern bloß als Folge unserer Reglosigkeit verstehen.

Wir lassen den Sandsturm im Wasserglas sich drehen,

ohne Handeln lässt er sich legen und

Klarheit beginnt nach all dem Chaos sich zu regen.

Durchsichtig, durchlässig, transparent begegnet uns das Leben.

Formvollendet wie nie zuvor.

DEIN
KÖRPER

ERINNERT
ALLES

RAPHAEL LEPENIES
DIE SCHÖNHEIT BLEIBT EWIG
OHNE NAMEN

Dein Körper erinnert alles. All deine Erlebnisse haben Eindruck hinterlassen, haben dich durchwandert und manch eines ist dabei stecken geblieben. Die Trennung von Geist und Körper ist letztlich bloß Semantik. Ein Konzept zur Unterscheidung. Dabei ist all das eins.

Ich wollte meine Wunden mit Geist und Gedankenkraft lösen. Habe intellektualisiert, was mein Körper einfach nur vollständig fühlen wollte. Aber diese Trennung hat mir lediglich das Verstehen des Problems ermöglicht, nicht das Erleben einer Lösung.

Als ich meinen Gedanken erlaubt habe, still zu werden, konnte ich meinem Körper erlauben, mit mir zu sprechen. Keine Worte tauchten auf, sondern Empfindungen. Ein Beben in den Beinen, ein flaches Atmen und das Bedürfnis, ganz tief Luft zu holen. Es war, als reguliere sich mein Körper von ganz allein, wenn ich ihm bloß den Raum dafür gebe.

Viel zu lange habe ich versucht, mit meiner Software Probleme an der Hardware zu lösen. Auf manche kluge Fragen hat der Körper eine erschreckend schlichte Antwort. Und dann bleibt nur noch die Frage, ob wir Recht behalten wollen oder unsere Körperlichkeit erlauben. Ob wir uns zu zivilisiert sind, um alles mal animalisch abzuschütteln. Zu reserviert, um uns breitbrüstig freizuatmen. Zu angepasst und gefällig, um zu weinen und zu schreien wie ein Neugeborenes.

Auch wenn ich offen bin für kluge Konzepte, will ich die Jahrtausende der Evolution achten – diese heilige Intelligenz in Fleisch und Blut.

Die geballte Faust will festhalten, was die offene Hand sowohl halten als auch freilassen kann.

Wie oft gehen wir durchs Leben mit angespannter Miene und einer physisch oder nur geistig geballten Faust. Wir halten fest an einem Ausgang, den wir für notwendig halten. »Das muss klappen!« fordern wir. »Das darf nur so und nicht anders ausgehen!«

Das Bild der geballten Faust verrät die starre Härte hinter derlei Forderungen. Wenn ich merke, dass ich Forderungen ans Leben stelle, nutze ich meine Körperintelligenz. Ich verstärke meine Haltung und balle meine Fäuste so fest ich kann. Dann spreche ich meine Forderungen aus, laut oder nur in Gedanken. Ich verbinde mich vollständig mit diesem Teil in mir, der sich so unbedingt an diesen Ausgang binden will. Ich balle meine Fäuste – fester und fester – fast schon, bis es wehtut. Und dann schließe ich die Augen, atme tief ein und weit aus. Beim Ausatmen öffne ich meine Fäuste und lasse los. Ich biete dem Leben meine offenen Handflächen – eine Landschaft ungeahnter Möglichkeiten. Und dann höre ich zu. Horche der Stille. Nach meinen lauten Forderungen vernehme ich nun auch die leisen Stimmen. Nicht selten spüre ich dann, wie mir das Leben seine Antworten in die Hände legt.

Sie finden mich, weil ich wortwörtlich aufmache. Ich vernehme überraschende Wegweiser, weil ich meinem Schicksal zuhöre, statt es zu bekämpfen.

Manche Kinder leben mit Gewitterwolken unter einem Dach. Die Stürme vor den Fenstern sind nichts gegen die rauen Winde in den eigenen vier Wänden. Unwetter, die Türen knallen lassen. Böen, die Worte, Gegenstände, ja manchmal sogar die Fäuste fliegen lassen. Diese Kinder glauben an eine gerechte Welt. Denn in einer gerechten Welt sind Mama und Papa genau richtig und sie selbst sind das Problem. Denn wenn das Kind selbst Schuld ist, hat es auch die Macht, etwas mit seiner Sühne zu verändern. Vielleicht glaubt es sogar, Mama und Papa retten zu können, wenn es nur brav, verständnisvoll und fürsorglich genug ist. Diese Kinder hören in Teilen auf, Kinder zu sein, und werden emotionale Thermometer. Ihre Stimmung wird zweitrangig, wichtig ist nur, wie kalt oder warm die der anderen ist.

Heute stellen sich diese Kinder dann vielleicht die Frage: Ist das hier noch gesunde Empathie oder schon die tief sitzende Überlebensstrategie? Lese ich die Stimmung im Raum bloß, weil ich das kann oder weil das als Kind mein einziger Ausweg war? Was, wenn ich heute erkennen darf, wie unvorhersehbar das Wetter meiner Kindheit war? Und was, wenn mich genau diese Erkenntnis dazu befreit, nicht in jedem Raum emotionale Temperaturen messen zu müssen? Auch wenn ich meinen Teller brav aufgegessen habe, kann morgen schlechtes Wetter werden und diese Unsicherheit macht mir in meinem erwachsenen Körper keine Angst mehr. Im Gegenteil: Endlich darf ich nur mich fragen, ob *ich* noch Hunger habe und den Teller aufessen will? Was, wenn ich um warme Räume bitten und kalte Räume verlassen darf? Was, wenn ich niemandem Schirme bringen muss, sondern zeigen darf, wie man im Regen tanzt? Was, wenn ich hitzige Diskussionen nicht führen und stürmische Zeiten nicht vorhersehen muss, weil der Stoff meiner Selbstliebe wetterfest geworden ist?

Die mächtigsten Monster sind die, die wir nicht sehen wollen. Neue Alpträume sind vielleicht kein böses Omen, sondern Zeichen deiner neuen Stärke. An der Schwelle zwischen bewusst und unbewusst wurde entschieden, dass du nun bereit für das nächste Level der Erkenntnis bist. Dein größerer Anteil traut dir offenbar zu, dass du eine Schicht tiefer zu dir selbst vordringen kannst.

Fürchte dich also nicht vor den expliziten Schrecken dieser Nächte, denn am nächsten Morgen war es eben nur ein Traum. Im Hellen kannst du die Monster ganz genau betrachten. Wie versteinert stehen sie da und du kannst sie mustern, während sie dich in der Nacht womöglich noch verschlingen wollten.

Alles war eine Inszenierung aus deiner Tiefe. Jedes Detail darf dir also eine Bedeutung offenbaren. Nicht, was du gesehen hast, ist wichtig, sondern, wie du dich dabei gefühlt hast. Nicht, wie groß die Augen des Monsters waren, sondern, wann du das letzte Mal einen solchen Blick im Nacken gespürt hast.

Die Beschaffenheit des Traumes, die Architektur dieser Gefühlsachterbahn ist wie eine Schatzkarte zu einem übersehenen Schmerz. Wenn du der Karte folgst – wenn du vielleicht sogar diesen Schmerz finden und benennen kannst, wird der Alptraum nie derart wiederkehren können wie letzte Nacht. Vertrau der Weisheit hinter den inneren Bildern.

Wenn die Monster einen Namen haben, verlieren sie mehr und mehr ihre Macht über dich. Wo du selbst in *Namen-Haft* warst, stecken nun diese Plagegeister. Denn ein Ungeheuer mit einem Namen kann vieles sein, aber nicht länger ungeheuerlich.

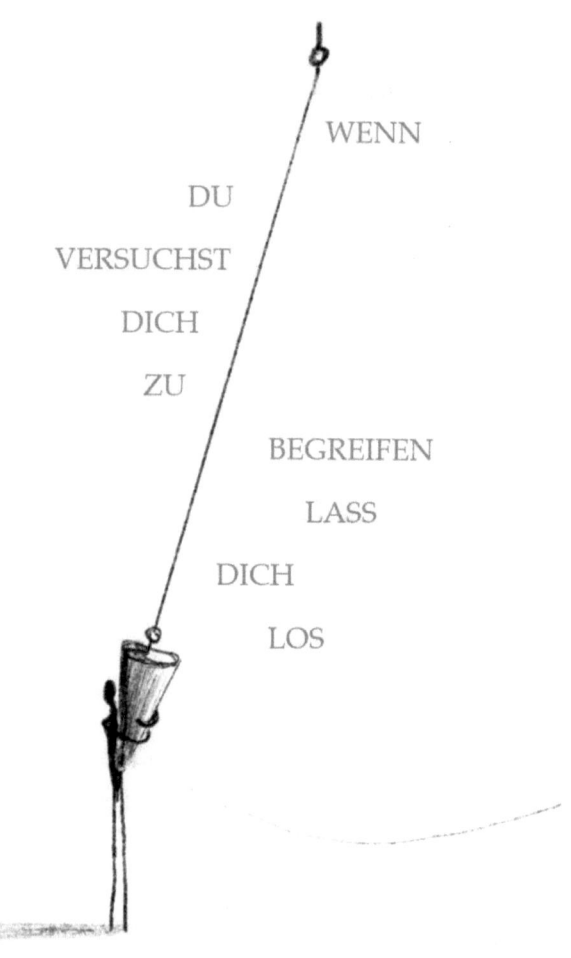

WENN

DU

VERSUCHST

DICH

ZU

BEGREIFEN

LASS

DICH

LOS

RAPHAEL LEPENIES
DIE SCHÖNHEIT BLEIBT EWIG OHNE NAMEN

Wenn du verbissen versuchst, dich zu begreifen, lass dich los. Ein Pendel, das du ständig festhältst, wird dir nie verraten, wo oben, wo unten und wo seine Verankerung ist. Genauso bleibst du dir ein Rätsel, wenn du dich bloß in Vergangenheit und Zukunft verorten willst. Lass dich los. Du musst dich nicht bremsen und dir keinen Schwung geben. Du musst dich nicht verstehen. Du darfst im Hin und Her der Gedanken dein Einpendeln erleben.

Du darfst im Ausschlussverfahren erkennen, wer du geworden bist. Musst nicht beschreiben können, woher du kommst oder wohin du gehst. Dein nächster Schritt bedarf vielleicht keiner Rechtfertigung, sondern bloß deiner Präsenz. Und selbst diese Präsenz musst du dir nicht zur Aufgabe machen. Sie stellt sich einfach ein, nachdem du deine Geschichte über eine präsentere Zukunft losgelassen hast. Wenn Vergangenheit und Zukunft links und rechts zur Randnotiz geworden sind, dann fällt der Blick mühelos auf das Jetzt wie das Pendel in seine Mitte.

Wenn du versuchst, dich zu begreifen, lass dich los. Du musst dich nicht bremsen und dir keinen Schwung geben. Du musst dich nicht begreifen und nicht verstehen. Alles schwingt sich ein. Du darfst dich bloß erleben. Dich erleben. Erleben. Leben. Leb.

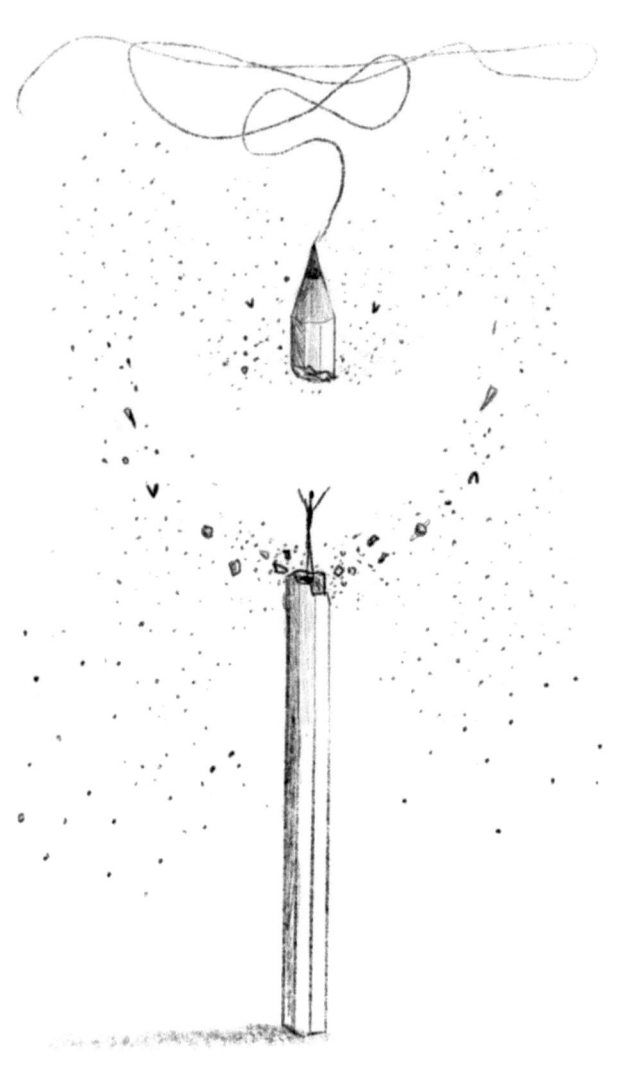

Nur du kennst *Seite 1* deiner Geschichte. Erliege nicht der Versuchung fremde Theorien, über die Quelle deiner ganz eigenen Freude zu glauben. Erinnere dich daran, dass dich niemand – außer du selbst – an den tatsächlichen Ursprung deiner Erfolge erinnern kann. Die *Außen*welt sieht entsprechend nur das, was du in diesem Außen tust und wird genau das mit deinen Ergebnissen in Verbindung bringen. »Dein Handeln hat dich erfolgreich gemacht!« werden sie sagen, denn sie sehen nicht die Spuren deiner Innenwelt. Die Herausforderung besteht darin, dich vom Narrativ deiner Mitmenschen nicht hinreißen zu lassen, dein Tun über dein Sein zu stellen.

Sie nennen den Stamm deine Wurzel und die Zweige deinen Stamm. Wenn du dich zu sehr durch ihre Augen siehst, übersiehst du all die Ursprünge deiner Innenwelt – die inneren Bilder. Die Gussformen, die jeder Form vorangegangen sind. Deine magischen Vorläufer, die andere nur ab ihrer Manifestierung benennen konnten.

Die Welt deiner Vorstellungskraft ist kein harmloser Spielplatz. Sie ist Schmiede, Quelle, dein heiliger Erstentwurf. Sie ist das Atelier deiner Möglichkeiten. Niemand kennt deine namenlosen Anfänge. Niemand kann sie für dich erinnern. Niemand sie hinreichend benennen. Niemand – außer du selbst.

TEIL II

SCHÖNHEIT

Freude finden wir in der Sicht.

Mehr noch als im Gesehenen.

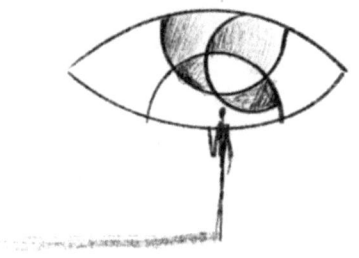

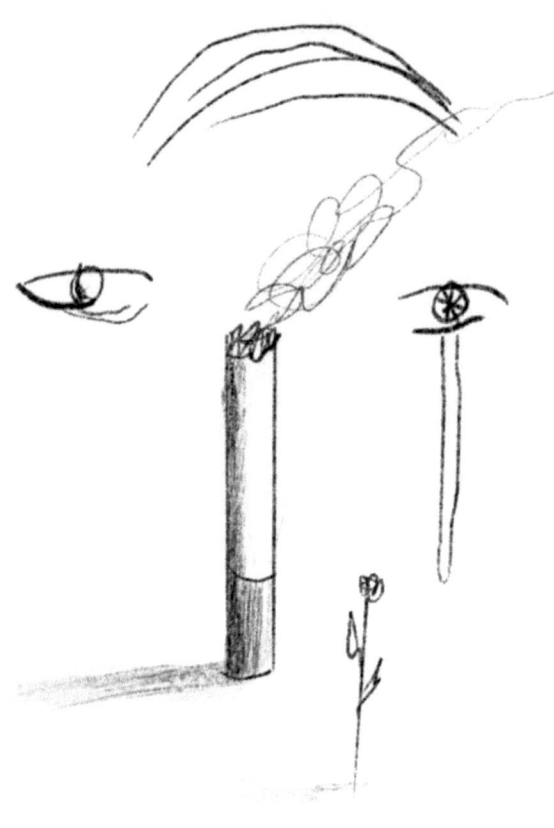

SUCHE

Tag und Nacht habe ich dich gesucht. Bin durch Gedan-
kenstraßen geirrt und in Nachtclubs gestolpert. Hab dich
im Rausch gesucht: Im kühlen Brand bunter Spirituosen,
den flackernden Stroboblitzen, dem Schweiß tobender
Menschenmassen in Ekstase. Ich hab dich in seinen gefähr-
lichen Augen gesucht, auf hübschen Gesichtern und nack-
ter Haut. Im Duft seiner Haare und im Geschmack seiner
Lippen. Im perfekten Sex, der Zigarette danach, den Träu-
men für unsere Zukunft und unserer verklärten Vergan-
genheit. Ich habe versucht, dich zu kaufen, zu besitzen, zu
benutzen. Ich hab dich hinter protzenden Preisschildern
und berühmten Gesichtern vermutet. Hab überall nachge-
sehen. Unter schön bedruckten Buchdeckeln. Ich hab dich
in Kirchen und Darkrooms gesucht. In Jerusalem und
Hollywood. Ich hab dich gesucht. Bin dir nachgejagt. Hab
in so vielen glitzernden Gefäßen nach dir gekramt und
dann doch nur schale Abbilder von dir gefunden. Referen-
zen der Referenz der Referenz.
Schließlich gab ich es auf. Erlaubte die Leere der Sehn-
sucht. Und irgendwo dort in der Akzeptanz deiner ge-
sichtslosen Gleichgültigkeit, bekam jedes Gesicht deine
Züge. Die verkommene Künstlichkeit meiner Erfahrungen
wich der erhabenen Kunst, etwas zu erleben.
Er wusste nicht mehr, ob *er* ich ist. Und es war auch egal.
Denn hier – im Tod all der Namen und Konzepte – wurde
plötzlich die Möglichkeit geboren, wirklich anwesend zu
sein. In dieser Realität. Diesem Körper. Diesem Moment.
Eine stille Freude elektrisierte alles in mir und um mich.
Alles war in Bewegung und bewegungslos Eins. *Schönheit*,
ich glaube, das warst du.

Seine Meisterwerke tragen viele Namen. Er trug den von Michelangelo Buonarroti. Maler, Dichter, Bildhauer. Es gibt da ein Zitat von ihm, das mich und sicher viele andere Künstler dazu ermutigt hat, ihrer Vorstellungskraft bedingungsloser zu vertrauen: »Ich sah den Engel im Marmor« sagte er. »Und dann meißelte ich ihn frei.«

Was aber, wenn der Engel sich heute zurück in den unberührten Marmor sehnt? Missverstanden von der Welt, kopiert, verkauft, analysiert, angebetet von den Massen. Was, wenn es heute weniger um die Manifestierung geht, als vielmehr, Michelangelos Fähigkeit zu sehen? Was, wenn der unberührte Marmorblock tatsächlich ein Engel war? Ein Engel, der vielmehr *gesehen* als »befreit« werden wollte. Ein Engel der Michelangelo begegnen wollte, statt ihn mit der Interpretation von Gottes Botschaftern zu beauftragen.

Michelangelo hat atemberaubende Meisterwerke geschaffen – keine Frage. Aber heute lese ich sein Zitat wie eine Aufforderung zu geschärfter Wahrnehmung, statt zum perfekten Handwerk. Vielleicht braucht es heute nicht noch mehr Kapazität, Schönheit zu formen, sondern vor allem Schönheit wahrzunehmen. Das Heilige in unberührter Natur zu erkennen, statt mehr Wege zu finden, der Natur unsere Idee von *heilig* einzumeißeln.

Auf diese Weise befreit der Engel den Künstler – nicht andersrum. Er befreit den Künstler von dem groben Überschuss an Konvention. Meißelt ihn frei aus dieser alten Geschichte menschlicher Überlegenheit. Und dann – ohne etwas mit ihm anstellen zu müssen – erkennt der Künstler im unberührten Marmor das Meisterwerk.

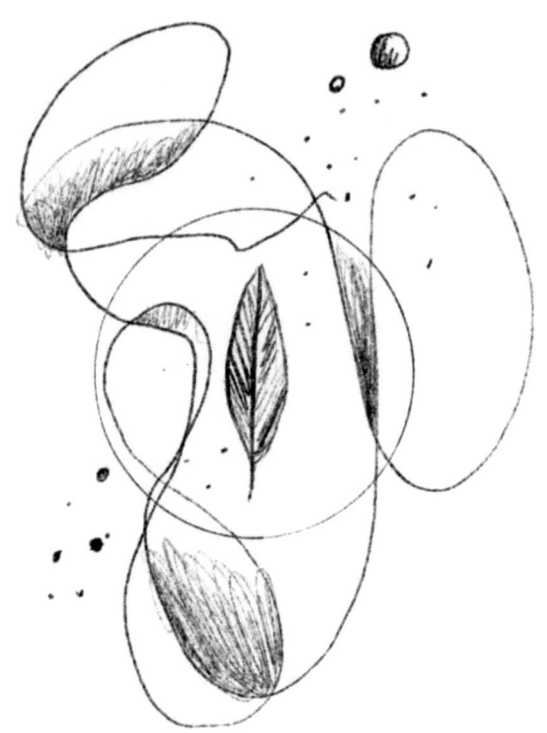

Die Idee der namenlosen Schönheit ist nicht neu und es braucht keinen weißen Mann wie mich, um sie neu zu erfinden. Vielmehr will ich mit dir flussaufwärts wandern, um ihre natürlichen Ursprünge zu erinnern, die andere Kulturen sehr viel gebührend zu würdigen wissen als meine eigene. Die deutsche oder auch englische Sprache zum Beispiel ist voller Nomen. Titeln, die für sich stehen. Gegenüber naturverbundeneren Kulturen erscheint mir dieses Vorgehen sehr statisch und festgefahren. *Salish* zum Beispiel, eine Sprachfamilie der indigenen Völker Nordamerikas, benennt die Dinge immer auch mit der Bedeutung, die wir nur unseren Verben zuschreiben würden. Während wir also das Universum sprachlich spalten und sagen »Das ist ein Fluss« sagen sie »Das ist das, was fließt.« Es scheint, als würde ihre Sprache immer das große Ganze und seine Anteilnahme im Einzelnen miteinbeziehen. Alles behält seine dynamische Form. Mir scheint, wir wollen in unseren Sprachen festlegen, was in ihren Sprachen wortwörtlich ungehindert fließen darf. Die Dinge stehen bei ihnen nicht abgetrennt fest, sondern sind ganz aktive Spielarten ein und desselben Universums. Ich liebe die Klaviatur meiner Sprache und zugleich lohnt es immer wieder zu erinnern, welche Töne sie niemals gebührend treffen kann.

LIEBEN &

LOSLASSEN

LERNE

ICH

HIER

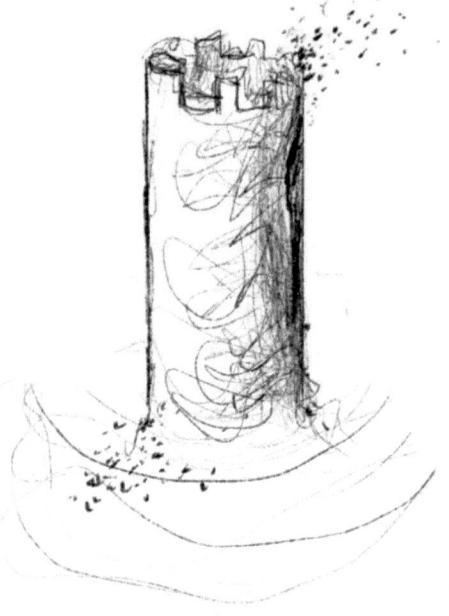

RAPHAEL LEPENIES
DIE SCHÖNHEIT BLEIBT EWIG

OHNE NAMEN

Wenn ich mich entscheiden müsste zwischen deiner Schönheit und deinem Namen, würde ich immer deine Schönheit wählen.

Unsere Namen sind vergängliche Gebäude. Namen bedeuten vorerst nichts. Sie sind weite leere Räume, die wir nach und nach mit Bedeutung füllen und ja – auch wieder nach und nach von Bedeutung befreien können. Wie Ebbe und Flut. Ein Name dient der Deutung. Er dient eher dem, der beschreibt, als dem, der beschrieben wird. Er ist die Sandburg am Strand der Wahrheit.

Wer ein erfolgreiches Leben braucht, der lebt es nicht, sondern fesselt es an alle seine Namen für Erfolg. Der sieht und hört nur noch, was er benennen kann, statt vorerst Eins mit Sicht und Klang zu werden. Das Benennen als so spielerisch wie das Bauen einer Sandburg zu begreifen, ist heute mein Genuss. Die ausgetrocknete Burg trägt der Wind davon und eine andere – zusammengehalten vom kühlen Nass – wird von genau demselben mit der nächsten Welle des Ozeans verschlungen. Uns aber – beim endlichen Spiel unserer nächsten Sandburg – könnte beides nicht egaler sein.

Was, wenn wir uns nicht erklären müssen, sondern erleben dürfen? Was, wenn hier direkt neben unseren Namen ein Meer aus Lebendigkeit beginnt. Lass uns eintauchen in unser unendliches Spiel. Lass uns jenseits von Ankunft und Abschied unsere Sandburgen bauen. Lieben und Loslassen lernen wir hier. Ja – Wenn ich mich entscheiden müsste, zwischen deiner Schönheit und deinem Namen, würde ich immer deine Schönheit wählen.

HEIMATKÖRPER

Wie konnte ich dir nur so lange misstrauen?

Dich skeptisch im Spiegel betrachten.

Bei jedem Wehen befürchten:

Jetzt lässt du mich im Stich.

Wie konnte ich dir so lange misstrauen?

Trägst du mich doch schon ein ganzes Leben.

Hältst mir die Treue bis zum letzten Atemzug.

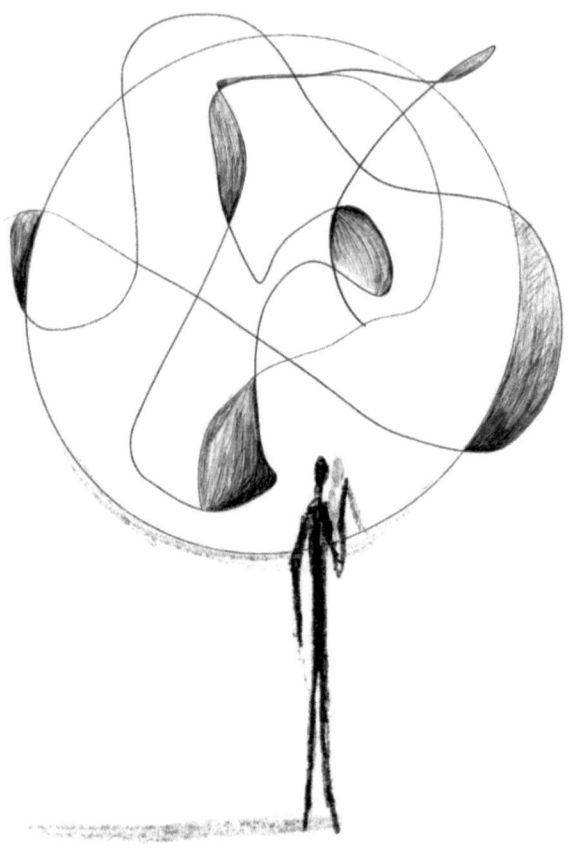

Wer ständig für andere da ist, der nähert sich so etwas wie Selbstliebe besser erst mal still und heimlich. Wer ständig für andere da ist, tut das nicht selten, weil er oder sie glaubt, da sei kein Raum für sich selbst. Jede freie Minute muss den anderen gewidmet sein, denn Zeit für sich zu nehmen, würden die anderen doch sicher verurteilen.

Bevor dir Selbstliebe gelingen kann, hab erst mal eine Affäre mit dir selbst. Sei dein Geheimnis. Bevor du dich selbst heiratest, schleich dich in der Mittagspause mit dir selbst davon. Du bist dann dein Geheimnis und gehst erst mal niemanden etwas an.

Deine Gefühle sind dann dein Geheimnis und gehen erst mal niemanden etwas an. Mach mit deinen Gefühlen rum, wenn nötig in Hotelzimmern oder auf Bahnhofstoiletten.

Nimm der Selbstliebe ihre Schwere und betrachte sie als »verboten« sexy. Du darfst sie zunächst für dich behalten. Das schafft Intimität und in dieser Intimität vertraut sich dir deine Innenwelt vielleicht immer vollständiger an. Wenn es dir anschließend hilft, dieses Erleben mit jemand anderes zu teilen, dann erlaub dir das. Wenn mehr aus euch wird (wovon du ausgehen darfst), willst du deine heimliche Liebe vielleicht Freunden und Familie vorstellen. Aber hey – alles zu seiner Zeit.

Denn im Geheimnis steckt auch das *Heim* – ein Geheimnis ist Heimat, geschützter Raum, ein Ort, an den du immer wieder zurückkehren darfst. Das zwischen dir und dir darf *deines* bleiben.

MANCHMAL ZEIGT

DIR DAS LEBEN

ERST WIEDER

WAS NEUES

WENN

DU DICH

ENDLICH

ZEIGST

RAPHAEL LEPENIES
DIE SCHÖNHEIT BLEIBT EWIG
OHNE NAMEN

Wir sitzen hier im Wartezimmer des Lebens, die Taschen voller Ideen und Potenziale und fragen uns, wann es denn endlich für uns weitergeht. Wir warten auf die Erlaubnis, Raum einnehmen zu dürfen, die uns aber niemand außer wir selbst geben kann.

Gerade wir kreativen Köpfe sind gern besonders wählerisch, wenn es darum geht, wann wir uns selbst und unser Schaffen endlich zeigen. Und klar – nicht alles muss raus in die Welt. Manches ist vielleicht nur für dich selbst bestimmt. Aber viele kreative Monologe lassen sich erst fortsetzen, wenn wir mutig in den Dialog gehen. Und sei es nur mit guten Freunden.

Ausdruck ist immer auch ein Loslassen. Es ist fast, als würde das Leben darauf warten, dass du deine Werke endlich freilässt, bloß damit du dann die Hände frei hast für neue Ideen. Wie ein Vakuum der Inspiration, das entsteht, wenn du dich leer machst. Ein Raum, der alles, was du brauchst, in dein Leben zieht, wenn du bereit bist, deine Werke loszulassen. Manchmal zeigt dir das Leben erst wieder was Neues, wenn *du* dich endlich zeigst.

Der eigene Name steht viel zu fest für die endlose Ausdehnung dessen, was er bedeutet. Bist du deiner Vergangenheit nur entkommen oder auch entwachsen? Hat sich dein Leben geweitet oder bloß verändert?

Mir scheint, desto älter ich werde, umso genauer kann ich benennen, was mir gefällt und was nicht. Eine zunächst banale Feststellung, die aber eine profunde Frage für mich aufwarf: Werden wir mit dem Alter zunehmend einsam, weil wir die Kombination unserer Erfahrungen und Präferenzen immer einzigartiger wird? Treibt uns die eigene Individuation auseinander oder weitet sie unsere Räume der Begegnung?

Wo wir im Mutterleib noch förmlich Eins mit einem anderen Menschen sind, verbannt uns die Selbstwerdung im Laufe des Lebens immer weiter in die Zweiheit der Ver-zwei-flung? Wird es immer schwieriger, uns aufeinander zu beziehen, weil wir uns immer weiter von den anderen unterscheiden? Ja – viele erfahren ihr Leben genau so, weil sie das Werden über das Sein stellen.

Was aber, wenn unsere Erfahrung uns nicht nach außen verbannt an die führende Front unserer Selbstwerdung. An die Ränder unserer Entwicklung. Was, wenn sie uns auffordert, diese Selbstwerdung – mit Blick nach innen – als Raum zu begreifen? Das Erkennen eines stetig wachsenden Spektrums potenzieller Empathie, statt eines bloß Vor-uns-Hertragens, wer wir geworden sind.

Die Vergangenheit loszulassen und voranzuschreiten kann sehr heilsam sein. Dabei aber zu vergessen oder sogar zu verdrängen, woher man kam, hingegen, beraubt uns unserer Chance, an ihr zu wachsen. Der Chance, *mehr* Mensch zu werden, statt bloß ein *anderer* Mensch zu werden. Die eigene Erfahrung auszudehnen, statt sie bloß durch eine neue zu ersetzen. Sich nicht länger als Name zu sehen, der eine Position bekleidet, sondern sich als Raum zu begreifen, der sich stetig weiten darf.

Heilung ist nicht immer angenehm. Manchmal fühlt es sich sogar an, als würde man jetzt ein schlechter Mensch werden. Wenn du daran gewöhnt bist, dass deine Bedürfnisse nicht erfüllt werden, wird sich Selbstfürsorge wie Egoismus anfühlen. Wenn du daran gewöhnt bist, dich kleinzumachen, wird sich Selbstsicherheit wie Arroganz anfühlen. Wenn du es gewöhnt bist, *ja-nicht* zu viel Raum einnehmen zu wollen, wird sich Selbstbewusstsein vorlaut und aggressiv anfühlen.

Egoismus, Arroganz, Überheblichkeit sind manchmal bloß falsche Namen für die genau *richtige* Grenze. Wir verwechseln da etwas, weil der Kontrast so groß erscheint zwischen dem kleinen kantenlosen Selbst, das wir aus uns gemacht haben und der eigenen Größe, von der unsere Sehnsucht erzählt. Wenn du von jetzt auf gleich für dich da sein, Raum einnehmen und Grenzen setzen willst, ist der Sprung manchmal zu groß. Sei geduldig mit dir. Sich am Rand der Komfortzone ein klein wenig mehr Richtung Selbstachtung zu lehnen genügt vielleicht fürs Erste. Wenn sich dein nächster Schritt auf dem Weg der Heilung arrogant, aggressiv oder egoistisch anfühlt, ist das vielleicht genau das Gegengewicht, das *dein* Leben gerade braucht.

PROTAGONIST

In welchem Film bist du?

Einem mit einer Hauptfigur, für die du brennst?

Mit einem Charakter, auf den du zählst?

Einem Protagonisten, mit dem du mitfieberst,

mitweinst und mitlachst?

Du musst kein Poet sein, um ein poetisches Leben zu führen.

Ein Leben, in dem sowohl Momente in Worte gegossen

als auch Worte wieder zu Momenten eingeschmolzen werden.

Klang und Melodie machen aus Krach die Symphonie.

Wenn dir gelingt, in der Stille Distanz zu wagen,

Abstand zu nehmen von deinem täglichen Klagen,

dann erscheint dein Leben wie dieser Film,

den du immer wieder anschauen willst.

Eine Handlung, die dich mitreißt

- ohne Not zum Happy End.

Zu magisch ist der Charakter und
sein Umgang mit dem Leben.
Und dann öffnest du die Augen und alles
macht ein klein bisschen mehr Sinn.

Du spürst die Hauptfigur unter deiner Haut.
Hörst den unverkennbaren Namen,
der dich bis zum nächsten Wendepunkt begleitet.
Den Bildausschnitt wie er fest gefügt ist und
zugleich flüssig in den nächsten übergeht.

Siehst das Flackern der Filmrolle
auf echten Gesichtern.
Das Leuchten hinter
den Formen deiner Tage.

Er gibt ein prasselndes Konzert auf dem Dach des Kaffee-
hauses. An meinem Fensterplatz ist sein Schauspiel unver-
kennbar. Graue Straßen und glitzernde Oberflächen. Men-
schen hasten gebückt durch die Szenerie. Nur ein Vater
und sein Kind – vermummt in gelben Regenmänteln –
schlendern gelassen an meinem Fenster vorbei. Mein Blick
fällt auf die Poesie.

Der Regen ist der Ozean. Jeder Tropfen Teil der Flüsse
und Seen, der Tümpel und Teiche und der Pfütze, in die
das Kind da gerade gesprungen ist. Der Regen ist ein
Name. Elixier des Lebens. Glasiges Gold. Geschichte einer
endlosen Transformation. Zuhause zahlloser Wesen und
immer auch Wesen in sich selbst.

Der Regen an der Scheibe – gerade noch erlebt als einsa-
mer Tropfen – verbindet sich. Mit noch einer und noch
einer Wasserperle und dann stürzt dieses Gebilde hinab in
einem kleinen Strom, der vielleicht schon morgen als
reißender Fluss von seinem Weg ins Meer erzählt.

Der Regen braucht heute keine Namen. Wenn ich aufhöre,
ihn zu benennen, lerne ich sein wahres Wesen kennen.
Offenbart mir seine Biografie, die weder greifbaren An-
fang noch schlüssiges Ende findet. Täuscht mir vor, dass er
sich mit der Scheibe zu flüssigen Wänden verbindet.

»Möchten Sie ein Glas Wasser?« fragt der Kellner und ich
begreife, dass auch ich das bin, was ich *Regen* nannte.

SYMMETRIE

Angst vor dem Absturz kann nur haben,

wer an ein Oben und ein Unten glaubt.

Der freie Fall wird erst bedrohlich,

wenn wir einen Aufprall erwarten.

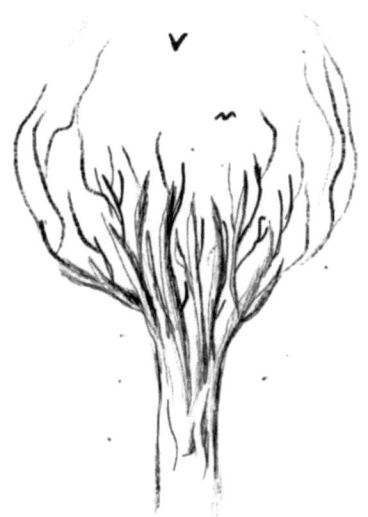

Was aber, wenn das, was du deinen Absturz nennst,

ein richtungsloser Flug in deine Tiefe und deine Höhe ist?

Wie der Baum Wurzeln und Geäst zu gleichen Teilen ausbildet,

rankst auch du nie nur in eine Richtung.

Heilung bedeutet auch, zu erkennen, dass deine inneren Widersprüche vielleicht keine Widersprüche sind. Heilung bedeutet »*und auch*« in deinen Wortschatz aufzunehmen: Ich kann dich lieb haben *und* dir *auch* mitteilen, was mich verletzt hat. Ich kann unheimlich froh sein, jemanden verlassen zu haben *und auch* traurig darüber sein. Ich kann jemanden vermissen, den ich *auch* nie wieder sehen will.

Wir sind nie nur das Eine, noch nur das Andere. Wir sind Momentaufnahmen eines reißenden Stroms. Unser Selbstgefühl wird nicht davon bestimmt, wie klar wir uns definieren können, sondern wie offen wir für unsere widersprüchlichsten Wahrheiten bleiben. Wer sich nicht mehr gegen seine Widersprüche wehrt, schafft Frieden im eigenen Haus. Mein *und auch* schafft Räume, in denen mich meine vermeintlichen Gegensätze ins Gleichgewicht bringen. Nicht alles muss miteinander verbunden werden und doch findet alles seinen Platz. Auch wenn wir uns ewig fortsetzen, sagt das Gefühl: »Ich habe mich selbst gefunden und jeder von ihnen hat jetzt sein eigenes Zuhause.«

Der Glaube an eine gerechte Welt war in meinen Kinderta-
gen kein Ideal, sondern eine Überlebensstrategie. Wenn
jeder auf das trifft, was er oder sie verdient – so die Über-
zeugung – dann hat auch jeder die Macht, es zu
verändern. Schuld nimmt das Kind dann ganz unbewusst
an sich. Schuld scheint die Rettung zu sein: Denn wer an
einer chaotischen Welt schuld ist, der ist dem Chaos nicht
mehr ausgeliefert, sondern der kann es mit seiner Sühne
kontrollieren. Wer glaubt, die Welt sei böse, weil man
selbst noch nicht gut genug ist, der kann auch daran glau-
ben, dass die Welt durch die eigene Hand gnädiger wer-
den könnte. Das Kind hat sich unbewusst die Schuld am
Chaos genommen, um an Ordnung – eine gerechte Welt –
zu glauben.

Was aber, wenn das Kind in Wahrheit unschuldig war?
Was, wenn es bloß schuldlos in eine unberechenbare Welt
geboren wurde? Was, wenn auch guten Menschen schlim-
me Dinge passieren? Was, wenn das Kind in uns diese
Ohnmacht anerkennen kann? Was, wenn es erkennt, dass
das Auf-Sich-Nehmen der Schuld eine feindselige Welt
nicht freundlicher machen konnte?

Der Glaube daran konnte es damals vielleicht beschützen,
aber fragt heute ständig: »Was ist falsch an mir und bei
wem muss ich das wiedergutmachen?«.

Meine eigene Heilung begann, als ich meine Ohnmacht
gegenüber meiner Liebsten anerkennen konnte. Die Tatsa-
che, dass ich ihre Liebe nicht durch das Annehmen von
Schuld gewinnen konnte, sondern sie mir diese Liebe
entweder schenken würden oder nicht.

Wie ich mit ihrer Entscheidung dann umgehen würde, das
würde mir meine neugewonnene Selbstachtung noch

zeigen. Aber allein die Akzeptanz ihrer unkontrollierbaren Unberechenbarkeiten und meiner Unschuld an all dem war der entscheidende Anfang.

ZUVERSICHT
HEIßT
ZUGEMAUERTES
MIT
EINER
AUSSICHT
ZU VERSEHEN.

RAPHAEL LEPENIES
DIE SCHÖNHEIT BLEIBT EWIG
OHNE NAMEN

Zuversicht heißt, Zugemauertes mit einer Aussicht zu versehen. Durchgänge auf Wände zu zeichnen, die noch nicht durchbrochen sind. Sich das Licht im Fenster vorzustellen, die Tür im Geiste zu durchschreiten, bevor der erste Ziegel fällt. Mauern trennen uns von etwas, aber wecken auch die Sehnsucht nach der anderen Seite. Auch wenn dahinter alles anders sein wird, als du jetzt erwartest, ist es wichtig, dass du es heute genau so erwartest, wie du es erwartest. Denn vielleicht kann nur dein Bild von dem Dahinter genau die Kräfte freisetzen, die *dein* Durchbruch wirklich braucht.

Wenn ich eine Friedensbewegung will, beginne ich mit der Friedensbewegung in mir. Wo führe ich noch Krieg gegen die Wirklichkeiten meines Lebens? Wo werfe ich Bomben auf fremde Meinungen, damit der Knall lauter ist als die leise Ahnung, dass ich von ausnahmslos *jedem* etwas lernen kann? Und wo raube ich der Unschuld ihre Heimat? Wo vertreibe ich kindliche Leichtigkeit, um so etwas wie Macht über mich und mein Leben zu empfinden?

Wenn ich glaube, die Welt müsse friedlicher werden, muss *ich* friedlicher werden. Ich behaupte, es braucht Frieden in der Welt. Und auch, wenn ich damit vielleicht Recht habe, beginne ich mit genau diesem Glauben einen Krieg mit mir selbst. Denn dann mache ich die Außenwelt zum Feind und übersehe all die Möglichkeiten, wie *ich* in meiner Welt – meinem direkten Umfeld – friedlicher sein kann.

Frieden beginnt bei mir, immer jetzt und hier. Liebe ist die dynamische Form des Friedens. Hier sind wir zuhause. Hier liegt unsere Natur.

Wenn ich glaube, die Welt müsse menschlicher sein, muss *ich* menschlicher sein. Wenn ich zu Opfern herabsehe und zu Tätern hinaufschaue, trenne ich mich von den Menschen, die da auf Augenhöhe vor mir stehen. Dabei wollte ich doch verbunden sein und sei es nur, um sie zu verstehen.

Habe ich das aber erkannt, dann *frage* ich, wie ich helfen kann, statt mit blinder Wohltätigkeit mein Gewissen zu beruhigen. Dann interessiere ich mich für den Schmerz, der da ständig weitergegeben wird, statt denjenigen, der ihn zuletzt weitergereicht hat. Welche Überzeugungen quälen beide Seiten und was, wenn ich mit der Auflösung immer nur bei mir beginnen kann?

Frieden beginnt bei mir, immer jetzt und hier. Liebe ist die dynamische Form des Friedens. Hier sind wir zuhause. Hier liegt unsere Natur.

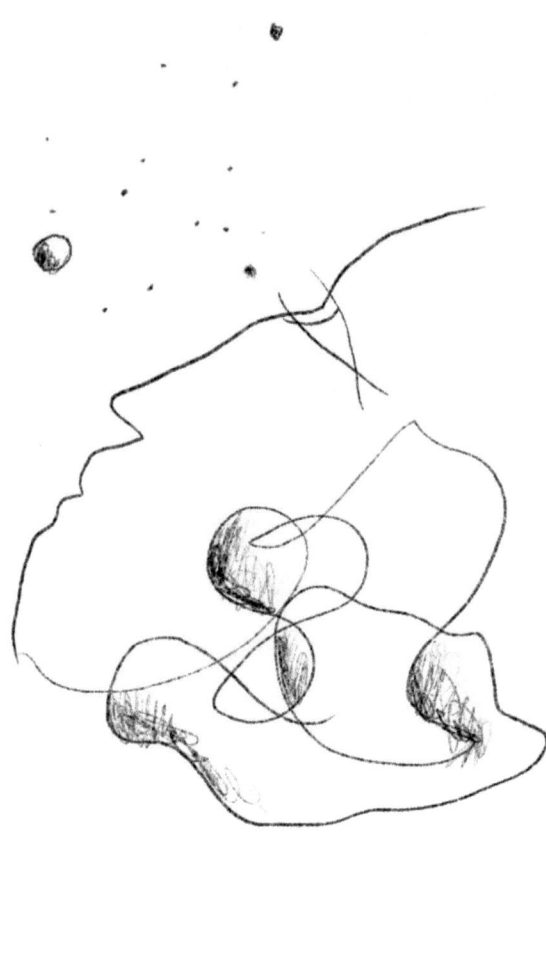

Unsere Köpfe kippen nach vorn mit Blick auf die Bild-
schirme in unseren Händen. Wir schauen nach unten. Wir
schauen runter auf die Stufen und Tribünen, auf denen
wir stehen. Die ausgetretenen Pfade, auf denen wir gehen.
Wir schauen runter auf die Spuren, derer, die vor uns
kamen. Wir schauen runter auf die Gleise, die wir für
unser eintöniges *Hin und Her* geschmiedet haben. Wir
schauen runter in die Gruben und Gräber, die wir einan-
der graben. Unsere Köpfe kippen nach vorn. Wir schauen
nach unten – gebunden an eine benennbare Welt.
Wäre es nicht aufregend, auch mal nach oben zu sehen? In
einer herabschauenden Welt, das Wagnis des Lichtblicks
einzugehen?
Schau nach oben. Zu den Baumkronen. Zu ihrem rau-
schenden Blätterdach im Wind. Zu den Lichtern, denen
die Zweige da entgegenstreben. Zur funkelnden Ferne,
dem Versprechen all der Sterne, die uns doch letztlich alle
überleben.
Schau nach oben. Antworten fallen durch die Lücken in
der Zeit – angezogen von deiner Sehnsucht und aufgefan-
gen von deiner Offenheit. Füllen genau den Raum, den du
ihnen bieten kannst. Schau nach oben. Vergiss mal, was du
weißt. Fremde Welten verorten dich dann in deiner ganz
eigenen. Geben all ihre Weisheit preis. Schau nach oben.

AUGENLICHT

Der Sinn der Sonne ist uns eine Selbstverständlichkeit.

Wie sie die Gewässer unseres Planeten zum Leben erweckt hat.

Wie sie seit jeher Farben und Formen zum Leuchten bringt.

Doch genauso wie Sonnenlicht auf unsere Formen fällt,

so fällt unser Augenlicht auf ihre Schönheiten.

Wir geben den Dingen ihre Farbe

mit dem Strahlen unserer Sicht.

Wie klar oder bedeckt dabei unser Himmel ist,

bestimmt das Wetter unseres Geistes.

Die Gedanken, mit denen wir den Wind sähen,

der uns den sprichwörtlichen Sturm ernten lässt.

Die kühle Konzepte, die lebendige Flüsse

in starre Eislandschaften verwandeln.

Die tränenreichen Niederschläge,

die unsere Erde fruchtbar machen.

Die Rotation unserer Planeten, die mit Tag und Nacht,

dem Wissen und dem Nicht-Wissen

einen steten Ausgleich schafft.

Du gibst deinem Leben seine Lebendigkeit.

Dein Sinn schenkt den Sinnen erst eine Sicht.

Du bist die Sonne deiner Wahrnehmung.

Alles erscheint im Augenlicht.

KOSTÜMVERLEIH

Wir landen in diesem Leben und kleiden uns ein. Je nach vermutetem Geschlecht stecken Mama und Papa uns dann meist erst mal in Rosa oder Blau. Irgendwann dann wählen wir, was wir tragen: Grün, Lila, manchmal Mausgrau. Es fällt uns leicht, zu erkennen, dass wir nicht unsere Kleidung sind, sondern sie bloß tragen. Was, wenn wir genauso wenig unsere Körper sind, sondern sie bloß tragen.

Mein Körper ist wie ein kostbares Kostüm. Eine Verkleidung für ein Wesen, das sich hier ausdrücken will. Er ist unser Kostüm. Eine Verkleidung, die uns so unheimlich nah und überlebenswichtig ist, dass wir sie nicht selten für alles halten, was wir sind. Niemand darf darüber entscheiden, außer wir selbst. Aber genau wie wir nackt und körperlich unter unserer Kleidung sind, so sind wir pur und unversehrt unter unserer vergänglichen Physis. Genauso wie es hilfreich sein kann, mal nackt vor dem Spiegel zu stehen und zu sagen »Ja, so *sehe* ich nun mal aus.«, ist es hilfreich, in der Meditation mal blank zu ziehen und zu sagen »Ja, das *bin* nun mal ich.« Ich ganz ohne körperliche Komponente und physische Geschichte. Reine Seele, pures Wesen. Und dann? Nach so einer Zeit der Stille – können wir uns wieder etwas anziehen. Zunächst unsere Körperlichkeit mit all ihren Reizen und dann unsere Kleidung mit all ihren Farben. Aber diesmal ist uns bewusst, wer hier wen trägt.

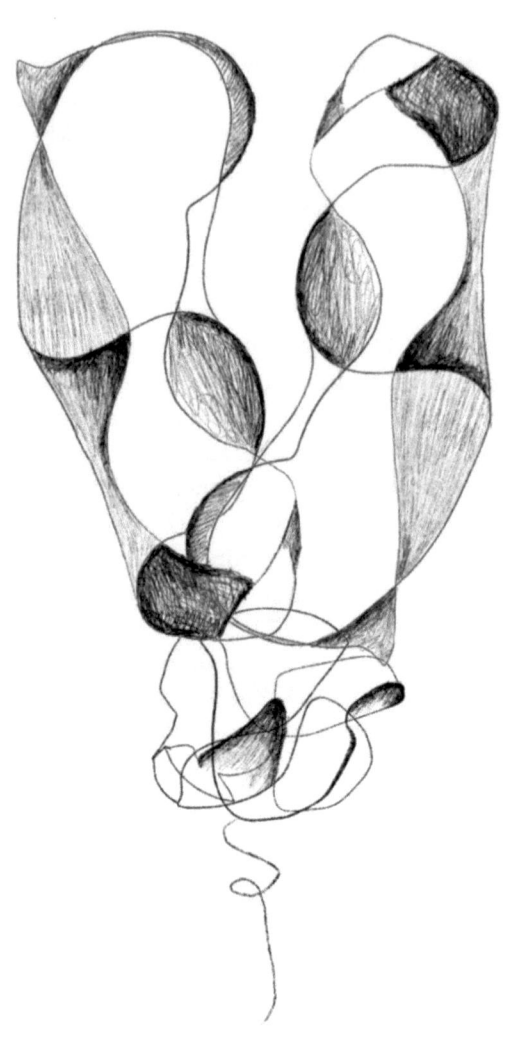

GEOMETRIE

Alles erscheint mir als flüssige Geometrie.

Eine unabänderliche Exaktheit

im Strom unendlicher Möglichkeiten.

Von hier aus ist alles möglich.

Alles.

Und doch:

Im gegenwärtigen Augenblick

kondensiert

all das zu

einem

exakten Weg der Dinge.

Einer Perfektion

bis ins kleinste Detail.

Alles erscheint mir als flüssige Geometrie.

Glück bedeutet nicht, die Ziellinie zu erreichen, den Job, den Abschluss, diese eine Person. Glück bedeutet auch nicht, in die Fußstapfen der Menschen zu treten, die vor dir kamen, deinen Freunden oder deiner Familie zu gefallen.

Glück bedeutet nicht, euphorische Gefühle zu jagen, sie festzuhalten mit Fotos, Videos oder Notizen.

Genauso wenig bedeutet Glück, es einzuplanen, es zu vertagen oder zu optimieren.

Wir können nicht sehen, was wir glauben schon zu kennen. Zu oft atmen wir die Erinnerung ein und die Vorahnung aus.

Was also, wenn wir unser Glück in den Atempausen der Erinnerung finden? In der Morgensonne auf unserer Haut. Dem Lächeln eines Fremden. In der Tatsache, dass auch das Gewohnte von gestern *heute* überraschend neu vor uns steht.

Was, wenn wir unser Glück in den Atempausen der Vorahnung finden? In der Bereitschaft, nicht zu wissen. Der planlosen Begegnung. Der Tatsache, dass wir heute mit uns selbst ein kleines bisschen liebevoller umgegangen sind als gestern.

Wir können nicht sehen, was wir glauben schon zu kennen. Was, wenn unser Glück gerade in den Atempausen atmen kann? Zwischen ein und aus darf es sein, was es ist.

An jenem grauen Tag fahre ich mit meinem Auto über eine Brücke. In echt und metaphorisch. Amor sitzt auf einer inzwischen viel zu weit entfernten Wolke. Das Scharfschützengewehr im Anschlag. Meine Mitte in seinem Fadenkreuz. Eine alte Liebe – zu Stahl erkaltet – liegt bereit in seinem Magazin.

An diesem Punkt in meinem Leben bin ich irgendwie taub geworden. Müde von Routinen. Ausgebrannt irgendwie. Irgendwo zwischen Eintönigkeit und Erschöpfung, habe ich mich zum Himmel gewandt und all diesen anderen Welten, in denen ich früher doch mal zuhause war. All meine Fragen strömten dabei wortlos in zu ihnen herauf und dann – haben sie geantwortet.

Die Landschaft zog an mir vorbei. Vor mir das weiße Flackern der immer gleichen Fahrbahnmarkierung. Mein Blick? Vermutlich glasig, halb tot in die Ferne gerichtet. Richtungslos und leer. Und dann geschah etwas, das ich so nicht mehr kannte.

Poesie schoss wie ein Projektil durch die Windschutzscheibe direkt in meine Brust. Farbe floss haltlos aus der offenen Wunde. Worte bluteten ins Freie. Ungebremste Gedichte. Poesie fand mich, durchströmte mich, rüttelte mich wach und machte Liebe mit mir. Ohne Diktiergerät. Ohne Notizzettel. Nur für mich und diesen Moment. Einmalig und für niemanden sonst. Und es fühlte sich an wie eine heilige Rückkehr. Neu und doch unheimlich vertraut.

Als ich ankam und aus dem Auto ausstieg, roch die Luft anders. Süßlich. Satt. Herb. Meine Hände warm. Fast schon heiß. Von kalt zu durchblutet. Von Grau zurück zu vollen Farben. So als würde die Kunst hinter der Kunst aufatmen. So als würden die Geister von damals mich wieder neu begleiten.

Wie durch ein Kontrastmittel erkannte ich: Ich habe es viel zu lang alleine schaffen wollen. Texte schreiben, bekannt werden, Menschen erreichen. Hab den Schatz der Demut nach und nach völlig vergessen.

Mir ist, als sei ich hier am Ende einer langen Prüfung. Elektrisiert. Von den Mysterien der Schöpfung reanimiert. Endlich aus dem Koma der Kontrolle zurückgekehrt in das haltlose Herz meines Schaffens. Als sei ich eine Weile dem schönen Schein erlegen, aber endlich wieder zur namenlosen Schönheit aufgewacht.

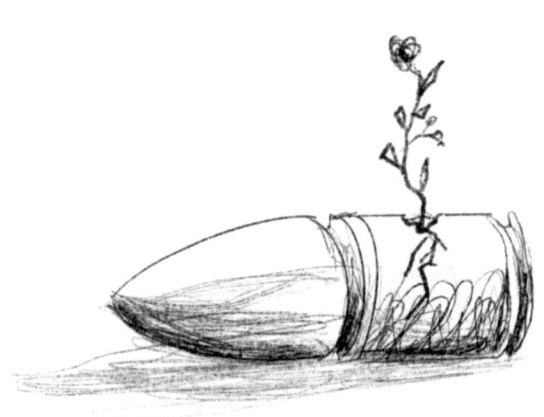

TEIL III

NAMENLOS

Schönheit verschenkt sich an den,

der sie loslassen kann.

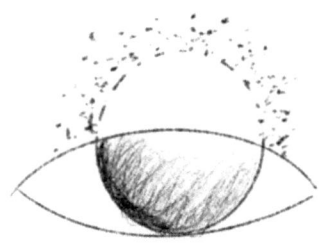

VERTRAU

DEINEN

FRAGEN

RAPHAEL LEPENIES
DIE SCHÖNHEIT BLEIBT EWIG
OHNE NAMEN

FREIMUT

Das Offene auszuhalten,

obliegt den Mutigen.

Für jede Sekunde,

die wir der Frage vertrauen,

macht die Wahrheit

einen weiteren Schritt

auf uns zu.

Wer seine Frage halten kann

– selbst wenn es Antworten regnet –

der fängt jene ein, die wirklich zählen.

Das Offene auszuhalten,

obliegt den Mutigen.

Mein Kopf wog weiter ab, während mein Herz bereits entschieden hatte. Ich behauptete, schlecht im Entscheiden zu sein. Dabei war ich nur schlecht darin, zu meinem Gefühl als Grund für diese Entscheidung zu stehen. Mein Kopf holte sich immer wieder gute Argumente für den Fall einer Rechtfertigungsforderung und ich entfernte mich dabei mehr und mehr von dem eigentlichen Grund, warum ich tat, was ich tat – meiner Intuition.

Ich hatte mein Bauchgefühl in so überzeugende Geschichten und so lebhafte Sprachbilder gekleidet, dass ich es so roh als zu nackt empfunden hätte. Dabei ist es so pur gemeint, wie es sich zeigt. Ja – ich muss nichts aus meinen Gefühlen machen. Vielleicht genügt es, ihnen immer größere Räume anzubieten. Vielleicht muss ich nicht mühsam formulieren, was im Formlosen schon vollständig zum Ausdruck gekommen ist.

ICH TREFFE KEINE

ENTSCHEIDUNGEN

MEHR

MEINE

ENTSCHEIDUNGEN

TREFFEN

MICH

RAPHAEL LEPENIES
DIE SCHÖNHEIT BLEIBT EWIG
OHNE NAMEN

ENTSCHEIDUNGEN

Ich treffe keine Entscheidungen mehr. Sie treffen mich.

»Triff eine Entscheidung« haben sie gesagt. Als müsste ich jetzt schon wissen, was ich noch nicht wissen kann. Als müsste ich die Zukunft kennen, obwohl schon die Gegenwart schwer für mich zu greifen ist. Sie belächeln Esoteriker, die behaupten, in einer Kristallkugel alle Antworten zu sehen, während sie selbst das Gleiche von ihren Businessplänen und Prognosen behaupten. Als seien wir in einem Wettbewerb der Prophezeiung: Wer trifft ins Schwarze, wenn es darum geht, was das Beste sein wird?

Dabei ging es vielleicht nie darum, zu wissen, wer wir morgen sein werden. Sondern darum, darauf zu vertrauen, wer wir heute sind. Vielleicht ging es nie darum, die »richtige« Entscheidung *zu treffen*. Sondern die richtende Kraft der Entscheidung *zu nutzen*. Die Entscheidung ins Jetzt zu holen. Sie für anwesend zu erklären. Vielleicht bedarf es keiner gewichtigen Prophezeiung, sondern deiner leichtfüßigen Intuition. Nicht sicher beantworten zu können, welche Konsequenzen es morgen mit sich bringen wird, diese Entscheidung getroffen zu haben. Sondern aus welcher Richtung trifft mich diese Entscheidung schon hier und jetzt? Manchmal müssen wir die ersten Meter eines Weges beschreiten, um zu erkennen, ob das wirklich unserer ist.

Ich muss heute noch nicht mehr wissen, als ich weiß. Ich darf mir heute ahnungslos sicher sein. Ich darf meine leise Ahnung laut verkünden. Denn erst dann kann ihr Widerhall auch zu mir sprechen.

Unser Sehnen nach Sinn ist eine kostbare Eigenschaft. Führt sie doch zu tiefen Erkenntnissen über die Dynamiken unserer Existenz. *Gesellschaftlich* widerstrebt es uns, Regeln zu befolgen, die für uns keinen Sinn ergeben. Deshalb verlangen wir Antworten von oben. Und das mit gutem Recht. *Spirituell* aber missbrauchen wir diese Art von Sinnsuche oft als Ausrede, um unserem Ruf von heute nicht folgen zu müssen.

Denn wir glauben manchmal, dass wir nur tief genug in das *Wozu* unseres Lebens eintauchen müssen, um uns endlich ein Stück lebendiger zu fühlen. Wir beteuern dem Universum: »Wenn ich nur ein bisschen genauer wüsste, wohin all das führen soll, dann würde ich auch viel motivierter daran teilnehmen«. Wir wollen das Geheimnis lüften, den Sinn vollständig ausbreiten, kartografieren und durchweg verstehen. Wollen bis ins kleinste Detail sicherstellen: Das hier ist der richtige Weg.

Aber auch wenn wir uns nach einem tieferen Sinn sehnen, bittet uns vielleicht der Sinn von heute, dass wir ihn tief genug sein lassen. Wie in einem Brunnen können wir lediglich den Eimer von heute hinunter lassen und werden dort immer nur das Gemisch an der Oberfläche erreichen. Wir können es dann zu uns ziehen, seine Klarheit sehen, seine Klarheit schmecken und uns mit dem Inhalt nähren. Aber unser Eimer wird nie der Brunnen sein. Unsere Wahrheit wird nie die ganze Wahrheit sein.

Die Quelle verlangt Vertrauen. Sie beschenkt dich mit allem, was heute wichtig ist. Verschwende deine Zeit also nicht damit, das Leben nach einer allumfassenden Sicherheit zu fragen, die deine Lebendigkeit von heute vielleicht

gar nicht braucht. Verlang keinen *tieferen* Sinn, wenn die
Tiefe von heute bereits Sinn ergibt.

ALLES

FINDET

SEINEN

PLATZ

RAPHAEL LEPENIES
DIE SCHÖNHEIT BLEIBT EWIG
OHNE NAMEN

Es gab eine Zeit, da musste dein Leben mal durchgeschüttelt werden wie eine Schneekugel. Alle Teile mussten mal aufgelockert und herumgewirbelt werden. Ihre Positionen mussten mal hinterfragt werden in einem Sturm der Veränderung. Und dann – nachdem es Antworten geregnet hat, sammelst du sie vielleicht eine nach der anderen auf und kannst sie ganz neu betrachten. Die einen wirst du vielleicht verwerfen. Die anderen wiederum ganz bewusst und tief in dich aufnehmen. Vielleicht ist jetzt die Zeit, neu zu integrieren.

Wo du den Dingen ihren Platz gibst, bist du bereit für neue Freiräume. Bereit für offene Fragen an ein geschlossenes Gestern. Was gestern noch bedroht, zart und verletzlich war, ist dann gehalten, stark und verwurzelt.

Denn die Integration in dir, ermöglicht auch deine Integrität im Außen. Was du in der Einkehr findest, darf sich dann auch im Miteinander zeigen. Es ist so tief in dir angekommen, dass die oberflächlichen Regungen der anderen dich nicht mehr erschüttern können. Vielmehr – wenn überhaupt – können dich diese Regungen dann ehrlich interessieren.

Und dann? Schüttelt uns das Leben wieder durch. Loses löst sich, Gefestigtes bleibt bestehen. Aber diesmal sind wir mutiger. Diesmal sind wir das Auge im Sturm. Wir wissen: Nur die wirklich *durchlebten* Eindrücke schaffen den abschließenden Ausdruck. Unsere *Integration* schafft dann *Integrität*. Verstehen das hinten, aber schauen nach vorne: Vorwärts fallen, statt rückwärts bereuen. Du darfst dir vertrauen – wieder und wieder: Alles findet seinen Platz.

DRAMA

Das Schlimmste, was mir passieren kann,
ist eine Geschichte.

Ich bin erst »falsch«, wenn ich glaube,
»richtig« existiert.

Du wirst erst mein Feind, wenn ich glaube,
ich sei »der Gute«.

Mein Schmerz tut erst weh, wenn ich glaube,
er würde bleiben.

Mein Tod wird erst beängstigend, wenn ich glaube,
er sei unpünktlich.

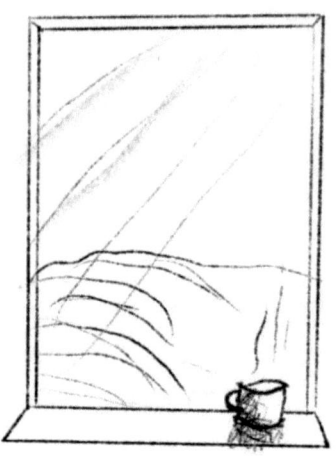

SPIEGELWELTEN

Jeder Partikel meiner Welt zeigt mir alles, was ich bin.

Ich sehe das Licht im Fenster und frage mich,
welche Wände in mir noch nicht lichtdurchlässig sind.

Ich sehe die Tasse auf dem Tisch und frage mich,
was meine fließende Wärme halten und vergießen kann.

Ich sehe die Ähren auf dem Feld und frage mich,
welche Gedanken bereit zur Ernte sind.

Ich sehe die Tiere in Käfigen und frage mich,
wo ich selbst noch immer gefangen bin.

Ich sehe das Vogelhaus im Garten und frage mich,
wo mein freier Flug Geborgenheit sucht.

Ich sehe die Worte auf Papier und frage mich,
was meine Gedanken mir ins Leben schreiben.

Brauch dein Erleben einen Zweck? Im Schreiben habe ich Gefühle weitergereicht und sei es nur an mein zukünftiges Selbst. Ich war überzeugt, dass ich durch mein Begreifen der Geschichte von heute, morgen bessere Entscheidungen treffen würde. Ich glaubte auch zunehmend daran, dass die Gefühle von heute nur wichtig seien, um morgen etwas daraus zu lernen. Mein Unterbewusstsein hat so etwas entschieden wie: »Wir fühlen jetzt nicht mehr, um uns heute selbst zu leben, sondern um uns zu verstehen.« Für den vermeintlichen Preis, Emotionen zuzulassen, brauchte es somit immer einen intellektuellen Gegenwert – Fühlen für Fortschritt.

Die Emotion, die sich in Worten ausdrückt, ist aber nicht besser als die Emotion, die bloß gelebt wird. Worte sind eine Fortsetzung des Erlebens und keine Verstärkung. Die Kraft der Veränderung liegt nicht im Wort, sondern der Essenz, auf die es zu zeigen vermag.

Was, wenn Bedeutungen sich in Echtzeit zeigen und es an mir liegt, ob ich sie bloß beschreibe oder vorerst vollständig erlebe? Was, wenn ich nicht nur meinem Gedächtnis, sondern auch meinem Vergessen vertrauen darf? Ja – vielleicht hätte ich wissen können, wie meine Geschichte ausgeht, aber es zeigt sich als unbezahlbar, sie bloß zu erleben.

Neid war lange eine Todsünde. Zwar haben wir uns von der christlich geprägten Sicht auf dieses Gefühl entfernt, dennoch hat der Neid einen schlechten Ruf. Moralisch setzen wir Neid oftmals aus Habgier und Missgunst zusammen, dabei kann er auch ein sehr natürlicher Impuls sein.

Neid ist manchmal vielleicht nur ein falscher Name für ein richtiges Gespür. Vielleicht empfindest du so was wie Neid nicht, weil du glaubst, zu wenig zu haben, oder weil du anderen ihr Glück nicht gönnst, sondern weil du spürst, dass es unnatürlich ist, dass ein Mensch mehr hat als ein anderer.

Wenn doch alles miteinander verbunden ist, wenn wir ein Kollektiv sind, ein Bewusstsein in verteilten Formen, wie kann der Spalt zwischen Arm und Reich dann immer größer werden? Vielleicht ist dein Neid losgelöst von Habgier und Missgunst. Vielleicht ist dein Neid ein ganz ursprünglicher Gerechtigkeitssinn, den der Kapitalismus verurteilen muss, um sein Prinzip vom *Besitz* zu rechtfertigen. Wir sagen »Du bist doch bloß neidisch!«, damit wir nicht erklären müssen, warum wir glauben, ein besseres Leben zu verdienen als du.

In unseren Stämmen als Jäger und Sammler hätte der, der alles für sich behält, nicht lange überlebt. Uns war klar: Die Natur gehört ihm nicht, sie sorgt für uns alle gleichermaßen. Mit wie vielen Glaubenssystemen wir uns auch von ihr entfernt haben, wir sind diese Natur, diese Verbundenheit. Vielleicht erinnerst du das, bevor du dich oder dein Gegenüber das nächste Mal »neidisch« nennst.

Will ich wirklich ein *guter Mensch* sein? Oder doch nur ein besserer als die meisten anderen? Der Unterschied scheint subtil. Er ändert vielleicht nichts an dem positiven Einfluss meiner Taten. Wohl aber, an dem Frieden, den ich selbst dabei empfinde.

Denn, um uns selbst »gute Menschen« zu nennen, müssen wir zunächst glauben, dass jemand gut und jemand anderes schlecht darin sein kann, Mensch zu sein. Das Konzept dieser Trennung muss unsere Wirklichkeit geworden sein.

Wenn wir sie dann gefunden haben – die »schlechten Menschen«, die uns zu besseren machen – halten wir an ihnen fest. Denn wir sind exakt so abhängig von ihrer Anwesenheit wie wir die Not empfinden, als »gute Menschen« erkannt zu werden.

Für moralische Überlegenheit muss jemand anderes unterliegen. Wir behalten das »Schlechte« im Blick, im Fokus, in unserer Realität, damit unsere »Güte« scharfkantig und sichtbar bleibt. So werden oft die »Guten« zu heimlichen Unterstützern des Bösen.

Wie aber sähe ein Leben aus, in dem ich meiner inneren Führung folge, statt meinem Anspruch an moralische Überlegenheit? Wenn meine vermeintlich guten Taten nicht mehr gesehen werden müssen, um gut zu sein, sondern gesehen werden dürfen, weil äußere Urteile unwichtig geworden sind? Was, wenn wir es aufgeben, »gute Menschen« sein zu müssen, und stattdessen Kontakt mit Güte selbst aufnehmen? Einer Güte ohne Gegensatz. Einer Liebe, die dich zwar nicht schmücken, aber von Kopf bis Fuß erfüllen wird. Denn vielleicht erkennen wir das Richtige auch ohne sein Gegenteil. Vielleicht genügt unsere innere Führung. Werden wir ihr folgen, auch wenn uns absolut niemand dafür applaudieren wird? Werden wir gut sein, auch wenn uns niemand »gut« nennen wird?

Du musst nicht so tun, als seist du weiter, als du bist. Wenn du dich selbst nicht für deine Ahnungslosigkeit verurteilst, öffnet sich eine völlig neue Welt für dich.

Das menschliche Gehirn ist ein Profi in Prophezeiung. Um Energie zu sparen, behauptet es ständig, bereits zu wissen, was dich erwartet. Und auch wenn wir diese Sparsamkeit genießen dürfen, lohnt sich der gelegentliche Blick dahinter – auf den Reichtum einer endlosen Offenheit.

Denn auch wenn wir glauben, all das schon mal gesehen zu haben, sehen wir es, so wie es ist, heute zum ersten Mal. Wir sind in Wahrheit in jedem Moment ein Neugeborenes und haben bloß gelernt, das zu vergessen. Im Erinnern an diese Ahnungslosigkeit liegt mein Schlüssel in eine ekstatische Gegenwart.

Momente, Gesichter, Klänge – alles wird gestochen scharf und glasklar. Du musst deine Geschichte nicht mitnehmen, um dich in den Geschehnissen zu verorten. Du musst nicht ahnen, was als nächstes passiert, um jederzeit das Richtige zu tun. Du musst nicht wissen, was es ist, um es vollständig zu erleben.

Wieder und wieder hast du dich gefunden und neu verloren.

Hast dich in die Arme geschlossen und für immer losgelassen.

Du hast dich zeitweise dafür geschämt, dir selbst der Nächste zu sein. Hast dich gefragt, ob du dich so schamlos um dich und deine Gedanken drehen darfst. Hast dich gefragt, ob es genügen darf, nur du zu sein. Hast dich gefragt, wann das originelle Abbild deiner Selbst zum abstrakten Suchbild wird, auf das sich dann niemand wirklich einlassen kann. Wann wird das Rätselhafte zur Arroganz? Wann das Konkrete zur Gefallsucht?

Wieder und wieder hast du dich gefunden und neu verloren.

Hast dich in die Arme geschlossen und für immer losgelassen.

Wann wird Freiheit zum Verlust? Du hast deinen Antrieb verloren und fragst dich, ob das schlecht ist? Fragst dich, ob sich die entstandene Lücke endlich mit tieferem Sinn füllen kann. Fragst dich, welches Leben hinter deinem Überleben möglich ist. Fragst dich, ob ein Leben nach der großen Heilung bloß eintönig bleibt oder erst dann so richtig beginnen kann.

Wieder und wieder hast du dich gefunden und neu verloren.

Hast dich in die Arme geschlossen und für immer losgelassen.

Du hast den Mythos der Gewissheiten aufgegeben. Wirst dich für immer fragen, ob der nächste Schritt der richtige sein wird. Jeder Satz wird mit einem Fragezeichen enden und du beginnst, dich daran zu gewöhnen. Gewissheit besteht von nun an in der Bereitschaft, Ungewissheit auszuhalten. Auch wenn die Absicht in Fragezeichen endet, beginnt jedes Handeln mit selbstbewusstem Doppelpunkt. Niemals wirst du die Zukunft kennen. Aber zugleich hat deine Gegenwart alle Antworten, die du brauchst.

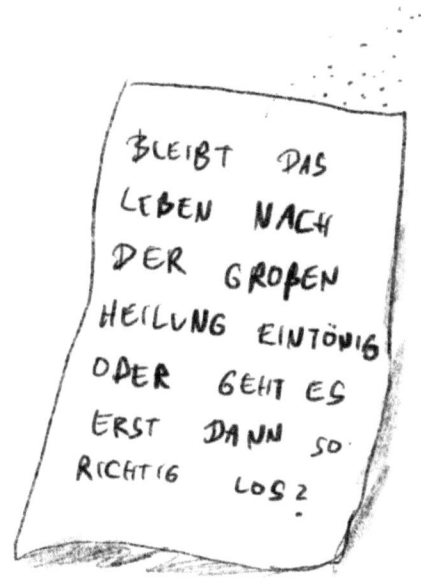

VERTRAUE

DEINER

WAHRHEIT

BESONDERS

WENN SIE

WEITERZIEHT

RAPHAEL LEPENIES
DIE SCHÖNHEIT BLEIBT EWIG
OHNE NAMEN

NAVI

Wenn ich meinen »Weg von heute« heute nicht gehe,

wundert es nicht, wenn ich ihn schon morgen

ganz woanders sehe.

»Die Route wird neu berechnet.«

scheppert es aus unseren Maschinen

und schau – sie fragen nicht,

ob wir eine zweite Chance verdienen.

Sie suchen bloß den kürzesten Weg von hier,

wo wir sind, nach dort, wo wir hin wollen.

Was sich in unseren Navigationssystemen

als kühle Programmierung zeigt,

zeigt sich in der Natur als reine Liebe:

Sie findet immer einen neuen Weg.

Denn besorgt, dein Leben zu verpassen,

eilst du zum Hafen.

Die Liebe wird aber nicht müde,

immer neu dort anzulegen

mit der Frage, ob du heute bereit bist,

an Board zu gehen.

Bereit statt der Karten von gestern und morgen,

bloß den einen Weg

von heute zu sehen.

Schreiben, um die Poesie einzuladen,
statt schreiben, um sie festzuhalten.

Kunst als Spiel.
Frei. Unbeschwert.
Voll ewiger Momente,
ohne die Notwendigkeit,
sie so zu nennen.
Alles ersteht neu.
Beginnt mit mir.

Und doch ohne mich.
Ohne das Ego, aus dem
doch etwas werden will.
Was, wenn ich nichts bin
ohne meine Verbindung zu
dieser namenlosen Welt.

Was, wenn die Namen, die sie mir geben
immer nur Momentaufnahmen
meiner Beziehung zum
großen Ganzen sind?
Konnte ich mich erst erinnern,
nachdem ich vollständig vergessen hatte?

SANDUHR

Das mit uns ist größer als alles, was war.

Lebenszeit bemisst sich nicht in Jahren, sondern in Abenteuern.

Routine, das Tag ein Tag aus, schleift Edelsteine zu

Sand und Staub. Alles rieselt

immer schneller

durchs Glas

der Zeit,

leblos und

taub.

Das mit uns aber ist größer als alles, was war.

Kleinherzige

Tage wie

Sandkörner stürzen

durch den schlanken

Hals der Gegenwart

in die Tiefe der Vergessenheit.

Das mit uns aber ist größer als alles, was war.

Groß genug, um uns in der Gegenwart zu halten.

Wir bleiben in der Lücke. Ewig funkelnde Flächen.

In diesem Glas der Zeit sind wir der ungeschliffene Diamant,

unter uns das Vergessen über uns ein Meer aus Sand.

GEFÄHRTEN

Du gleichst mich aus.

Deine Freundschaft federt ab und stößt mich an.

Du erinnerst mich an das, was mir wichtig war

und an all das, was ich noch werden kann.

Dein Wort weist in die Waagerechte.

Während ich vorher voll Selbstzweifel bergab

in meine Komfortzone geschlittert bin,

hebst du meinen Blick:

»Schau, wolltest du nicht wachsen?

Wolltest du nicht da oben hin?«

Dein Wort weist in die Waagerechte.

Denn auch als ich Berge aus Selbstansprüchen bestieg,

riefst du mich zurück auf stabilen Grund:

»Es bedarf nicht noch und noch einem weiteren Sieg.

Sieh doch, du bist heute schon gut genug.«

Dein Wort weist in die Waagerechte.

Mit einem Menschen wie dir
wird mein Weg wieder waagerecht.
Du hilfst mir, geradewegs Richtung Horizont zu sehen.
Gemeinsam voran zum nächsten Aussichtspunkt zu gehen.

Dein Wort weist in die Waagerechte.

Du gleichst mich aus.
Deine Freundschaft federt ab und stößt mich an.
Du erinnerst mich an das, was mir wichtig war
und an all das, was ich noch werden kann.

BRAUCHST
DU DAS
ODER
WILLST
DU
ES?

RAPHAEL LEPENIES
DIE SCHÖNHEIT BLEIBT EWIG
OHNE NAMEN

Wenn ich den Wunsch verspüre, dass du weißt, was ich brauche, bin ich derjenige, der ihn mir erfüllen muss. Die romantische Vorstellung einer Seelenverwandtschaft beschreibt nicht selten die Unfähigkeit, sich der eigenen Seele zuzuwenden. Unsere Verbindung befreit mich nicht davon, nur ich zu sein. Aber wir sind doch eins – protestiere ich – die Liebe löst doch jede Trennung auf. Warum also darf ich nicht erwarten, dass mein Gegenüber meine Bedürfnisse errät?

Die Realität zeigt mir, dass ich sie selbst bereits erraten habe. Und, wenn ich sie übergehe, dann bin ich derjenige, der sich trennt. Ich trenne mich von mir selbst. Woran erkenne ich, dass ich etwas von meinem Gegenüber *brauche*? Ich bekomme es. Woran erkenne ich, dass ich es *nicht* von meinem Gegenüber *brauche*? Ich bekomme es nicht. Es darf so einfach sein, mein eigenes Wollen und mein wahrhaftes Brauchen auseinanderzuhalten.

Dass verletzte Menschen andere Menschen verletzen, fällt den meisten leicht zu verstehen. Dass Schmerz ganz unterbewusst weitergereicht wird und das zum Teil über Generationen.

Nicht selten haben aber auch »*gute* Taten« ihre Wurzeln in alten Wunden. Wir erhalten dann Applaus für all das *Gute*, was wir aus dem Schlechten gemacht haben. Dem Schlechten, das wir vielleicht nie in Verbindung mit unseren Tugenden gebracht hätten. Aber vielleicht war das, was alle dein bestes Werkzeug nennen, in Wahrheit deine wichtigste Waffe. Vielleicht war Schmerz dein Antrieb. Mehr Angst, als Liebe. Mehr Stress, als Freude an Gestaltung. Vielleicht war deine vermeintlich spielerische Wandelbarkeit ein überlebenswichtiges Maskieren. Vielleicht deine Wortgewandtheit ein Schutzwall vor grässlichen Schuldgefühlen. Vielleicht deine Empathie mehr Gradmesser für Gefahr als *ach-so-schöne* Achtsamkeit.

Es ist eine unbequeme Wahrheit, aber wenn wir heilen, bilden wir nicht nur neue Stärken aus, sondern bilden manche Stärken auch ganz schleichend zurück. Denn wenn sich unser treibender Schmerz auflöst, tun das auch unsere zum Teil lieb gewonnenen Bewältigungsstrategien.

Was, wenn du die Lust an deinem größten Talent also nicht verlierst, weil es dir an zum Beispiel an Disziplin fehlt, sondern weil dieses Talent in Wahrheit dein Mittel zur Bewältigung war. Eine Kompensation für ein Trauma, von dem du vielleicht jetzt gerade heilen darfst. Was, wenn du heute keine notwendige Arbeit niederlegst, sondern lediglich ausgediente Waffen.

Vielleicht fehlt dir nicht die Motivation, weil du das Ziel aus dem Auge verloren hast, sondern weil die Vision dahinter an Schärfe gewinnt. Was eine Waffe war, kann vielleicht jetzt zum Werkzeug werden. Deine Masken werden dann vielleicht vom Versteck zum spielerischen Ausdrucksmittel. Deine Wortgewandtheit vom schlagfertigen Abwehrmechanismus zur einladenden Brückenbauerin. Deine Empathie vom Gradmesser für Gefahr zur Wegbereiterin für gesunde Gemeinschaft.

Wer Waffenruhe für Stillstand hält, der übersieht die gewaltige Chance – die transformierende Kraft furchtloser Kreativität, die in dieser Form des Friedens endlich zu Wort kommen kann.

DIESES

GLÜCK

STEHT

DIR

~~NICHT~~

ZU!

RAPHAEL LEPENIES
DIE SCHÖNHEIT BLEIBT EWIG
OHNE NAMEN

Wer seinen *Erfolg* die *Gnade der Anderen* nennt, hat vielleicht schon als Kind damit begonnen. Damals waren Umstände chaotisch – ja vielleicht sogar schrecklich. Und das Kind wusste sich hier nicht anders zu helfen, als sich selbst daran die Schuld zu geben. Denn wer Schuld ist, der behält mit Sühne die Kontrolle – so der Glaube. Nur man selbst müsse besser werden, nicht das eigene Umfeld. So hat es sich eine unsichere Welt zu einem sicheren Zuhause gemacht. Sicher in dem Glauben, es sei einfach ein schlechter Mensch in einer gerechten Welt.

Zudem konnte es da unten – in Schuld und vermeintlicher Wertlosigkeit – eine unerwartet bedrohliche Botschaft verdrängen. *Bedrohlich*, weil durch sie sein ganzes Weltbild ins Wanken käme. Die Botschaft, dass das Kind unversehrt, kostbar und wertvoll ist ohne sein Zutun. Dass ihm sein Glück vielleicht einfach zusteht.

Eine gewisse Demut vorm Leben ist weise – keine Frage – aber wie bei allen Namen müssen wir uns auch hier fragen, was der Name »Demut« für uns selbst bedeutet:

Wie viel von deiner weisen *Demut vor dem Leben* ist in Wahrheit nur Ergebnis einer Demütigung aus deiner Kindheit? Wo war das *Klein-Machen* bloß unbewusste Überlebensstrategie, statt einer bewussten Lebensphilosophie? Was, wenn du dich der Welt gegenüber nicht *ständig* dankbar zeigen musst? Was, wenn dir das Gute in deinem Leben zusteht? Was, wenn *dein* Glück nicht Ergebnis *ihrer* Gnade ist? Erlaub dir vielleicht mal, genau das für möglich zu halten.

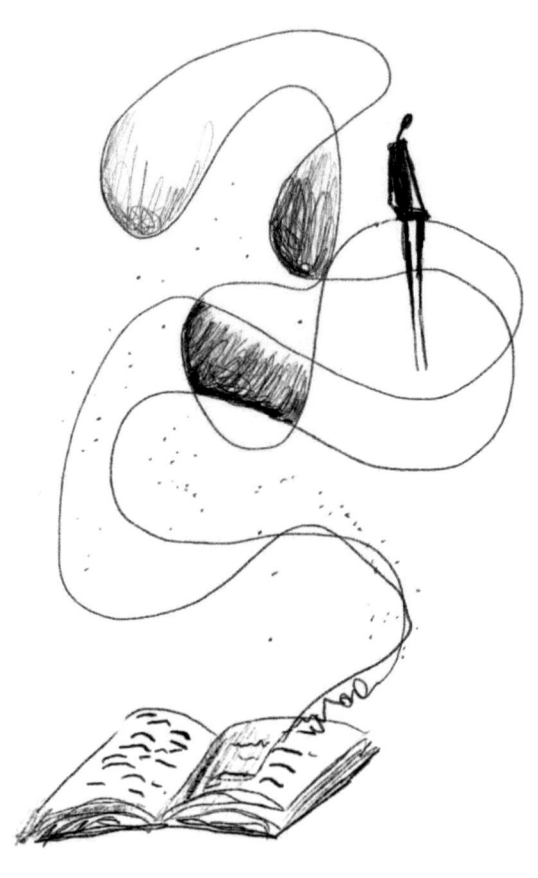

Es gab eine Zeit, in der ich glaubte, mir Ziele setzen zu müssen, während ich mich hier – so ganz neu in Kontakt mit mir – bloß von ihnen finden lassen kann. Ich muss mir nichts vornehmen und Wegweiser studieren, wenn mein innerer Kompass unbeirrt in die immer gleiche Richtung zeigt. Mich leitet nicht mehr die Frage »Was würde ich gern mal erreichen?«, sondern die Frage »Was wird nicht aufhören, nach mir zu rufen?«

Dieses Konzept findet sich auch in *James P. Carses* Bild der endlichen und unendlichen Spiele: Wie sehr ich auch erkenne, dass die Gesellschaft der Worte mir genügt, so unbeirrt ruft mich auch mein konkretes Ziel, beispielsweise dieses Buch hier fertigstellen zu wollen. Das eine – die Gesellschaft der Worte – ist mein gelassenes *unendliches* Spiel. Und das andere – die Fertigstellung des Buches – ist mein *endliches* Spiel, das ich bloß erleben, statt festhalten möchte. Das Spiel, in dem ich zwar scheitern kann, in dem aber *Spieler-Sein* eine vitalisierende Dringlichkeit mit sich bringt. Erfolg ist hier eine vergängliche und doch ungleich erhebende Freude. Scheitern wird hier kein Todesurteil, sondern markiert bloß das Zurückfallen ins *Genug* meiner unendlichen Spiele.

Die Basis fängt mich auf und der Aufstieg treibt mich an. Selbst wenn das Buch nie fertig wird, bleibt die Liebe zu den Worten. Selbst wenn das Benennen der Schönheit mir unbändige Freude bereitet, bleibt die Schönheit doch ewig ohne Namen.

ERLAUB
MIR, FÜR
DICH DA
ZU SEIN.

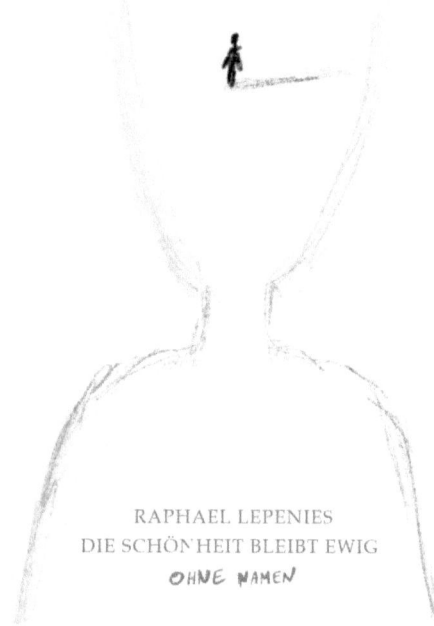

RAPHAEL LEPENIES
DIE SCHÖNHEIT BLEIBT EWIG
OHNE NAMEN

LÜCKENLOS

Ich bin lückenlos in bester Gesellschaft: Wessen Aufgabe ist es, für mein erwachsen gewordenes Selbst da zu sein? Aller, die für mich da sind, solange sie für mich da sind. *Mich* eingeschlossen.

Denn selbst, wenn andere für mich da sein wollen, muss in erster Linie *ich* für mich da sein. Zumindest insoweit, dass ich diesen Menschen *erlaube*, für mich da zu sein. Egal ob bewusst oder unbewusst – ich muss zuerst für mich da sein, indem ich diese Menschen nicht mehr davon *abhalte*, für mich da zu sein.

Wenn ich glaube, die anderen *müssten* für mich da sein, muss *ich* für mich da sein. Wenn die anderen für mich da sind? Dann ist das der Lauf der Dinge. Wenn niemand außer mir selbst für mich da ist? Dann ist das der Lauf der Dinge. Ich wehre mich nicht mehr gegen diese Wahrheit.

Wenn niemand für mich da ist, bin in Wahrheit ich für mich da, indem ich das bemerke. Und wenn ich für mich da bin, indem ich das bemerke, ist offenbar jemand für mich da. Ich bin lückenlos in bester Gesellschaft.

Ich weiß, mein lauwarmes Leben war euch lieber. Mein wohl temperiertes *Ja-und-Amen* zu euren Ideen und das kühle Einklinken in bequeme Systeme.

Wenn meine Themen zu heiß sind, dann heißt es, ich hätte Fieber. »Bleib auf dem Boden.« haben sie gesagt. Und auch wenn sie beizeiten Recht damit hatten, ahne ich, dass nun eine *neue* Zeit in meinem Leben beginnt.

Auch wenn ich skeptisch gegenüber Astrologie bin, drängt sich mir gerade auf, welches Element man meinem Sternzeichen Löwe zuordnet. Und vielleicht ist es kein Zufall, dass mir dieser eine Songtext von Johnny Cash nicht aus dem Kopf gehen will: *Love is a burning thing and it makes a fiery ring.*

Alles hat seine Zeit. Eine Zeit, da ging es ums Treiben-Lassen wie der Wind, haltlos und stürmisch. Eine Zeit der Geduld, des Am-Boden-Bleibens, geduldig wie die Erde. Eine Zeit, da musste ich weichen, mich anpassen an den Strom der Dinge. Mitfließen wie Wasser.

Und jetzt? Keine windige Entschuldigung mehr für meinen Funkenschlag. Pünktlich an dieser Wendung meiner Wandlung: Die Zeit des Feuers. Sie ist da.

Meine Wahrheit? *I fell for you like a child.* Ein Licht, das ich nicht länger dimmen werde. *Oh, but the fire went wild.* Zündstoff. Gefährlich. Gewaltig. Es macht neu. Es transformiert.

Ich schüre mein Feuer. Will alles geben. Ich weiß, unkontrolliert kann es zerstörerisch sein, aber hier an der Spitze meiner Türme rettet es Leben. Wie ein Leuchtturm stiftet das lodernde Wagnis so aufrecht einen Sinn. Kein Turmbau zu Babel, abgehoben und überheblich, um Gott zu erreichen, sondern ein Turmbau zur Besonnenheit, gerade

hoch genug, um über menschengemachte Mauern hinweg-
zusehen. Brenne hell in die Nacht meiner alten Ängste.
Lasse kompromisslos leuchten, wer ich bin. *Love is a
burning thing.*
Vertrau mir – auch deine Wahrheit darf sich derart zeigen.
Im Dunkel einer unbewussten Welt leuchtet dann ein
Turm nach dem anderen auf. Bilden zusammen einen
Kreis aus Licht. Punkt für Punkt nimmt er seinen Lauf.
And it makes a fiery ring. Kreisen gemeinsam ein, was Sehn-
sucht allein nicht findet. Ja – auch *deine* Namen für die
Schönheit zeigen auf das, was uns alle verbindet.

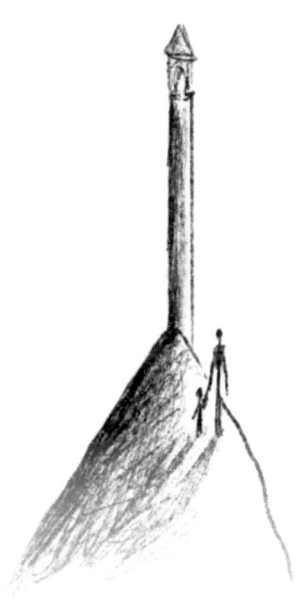

NACHWORT

DANKSAGUNGEN

LITERATUR

MEHR POESIE

Mehr Bücher der *Pragmatische Poesie* Reihe, aktuelle
Veröffentlichungen und zusätzliche Informationen
zu meinem Schaffen findest du unter:

www.RaphaelLepenies.com

DANKSAGUNGEN

Danke *David* für eine Erdung,
die mich fliegen lässt.

Danke an *das Kind in mir*. An den Jungen,
der die Macht der Poesie nie vergessen hat.
Der Kleider getragen hat, wenn ihm danach war.
Der so laut, frech und kompliziert geblieben ist.
Der nicht weggesehen hat,
wenn Unrecht geschehen ist.
Ich will der Erwachsene werden,
den du damals gebraucht hättest.

Danke an meine Freundin & Lektorin *Leona Mark*.

Danke an mein Fundament:
Ute | Wilfried | Nick | Katja

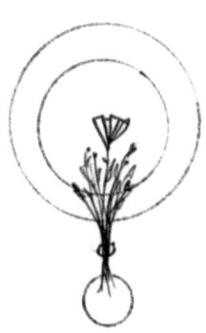

INSPIRIERT?

Erzähle gern auf *Social Media* von deiner **Leseerfahrung,**
deinem Lieblingstext oder deinen Gedanken zum Thema.

Nutze dazu folgende *Hashtags,* damit andere Leser und
ich deinen Beitrag auch entdecken können:

#DSBEON

#EwigOhneNamen

#RaphaelLepenies

#PragmatischePoesie

DIE REISE GEHT WEITER:

Danke für dein Lesen, dein Mitfühlen, dein Weiterdenken und das Verschenken meiner Worte und Werke.

Für mehr Informationen besuche meine Website:

www.RaphaelLepenies.com

Außerdem bin ich aktuell hier zu finden:

Instagram – *@raphael.lepenies*
TikTok – *@der.raphael*
Youtube – *Raphael Lepenies*
Facebook – *MutHafen*

Abkürzung? Einfach den QR-Code mit deiner Smartphone Kamera scannen:

LITERATUR

Im folgenden will ich dir noch einige Literaturreferenzen nennen, die einen thematischen Hintergrund für mein vorliegendes Werk bilden und die ich dir hiermit herzlich zum Weiterlesen empfehlen möchte:

Charles F. Haanel
Das Master Key System

Byron Katie, Stephen Mitchell
A Thousand Names For Joy

Esther & Jerry Hicks
Ein neuer Anfang

James P. Carse
Endliche und unendliche Spiele: Die Chance des Lebens

Marianne Williamson
A Politics Of Love

Brene Brown
Daring Greatly

Friedemann Schulz von Thun
Miteinander reden (Reihe 1 - 4)

Anselm Grün
Bleib deinen Träumen auf der Spur

Austin Kleon
Steal Like An Artist

Elizabeth Gilbert
Big Magic – Creative Living Beyond Fear

Erich Fromm
Die Kunst des Liebens

Marc Aurel
Selbstbetrachtungen

Helmut Schmidt
Was ich noch sagen wollte

Charles Eisenstein
The More Beautiful World Our Hearts Know Is Possible

Mark Nepo
The One Life We're Given

Dale Carnegie
Wie man Freunde gewinnt

Glennon Doyle
Untamed

Michael A. Singer
The Surrender Experiment

Marina Abramovic
Walk Through Walls

Alan Watts
Out of Your Mind

(Hinweis: Die Titel englischsprachiger Autoren und Autorinnen habe ich bevorzugt im Original gelesen und daher auch mit entsprechendem Originaltitel angegeben. Sie sind aber auch als Übersetzungen erschienen.)

Mehr Infos findest du
unter www.RaphaelLepenies.com

DAS LEBEN IST SCHRECKLICH SCHÖN
PRAGMATISCHE POESIE I

JETZT WEITERLESEN

DIE LIEBE IST FRUCHTBAR FREI
PRAGMATISCHE POESIE II

RAUM FÜR DICH

Let's connect!
Folge meinem Schaffen & mir
auch auf Instagram:
@raphael.lepenies

Mehr zu aktuellen Veröffentlichungen
findest du auf meiner offiziellen Website:

www.RaphaelLepenies.com

Abkürzung?
Einfach den QR-Code mit
deiner Smartphone Kamera scannen:

(C) 2024 **Raphael Lepenies**